Genarrt, geäfft, geEulenspiegelt

Klaus Irmscher

Über das Buch

Klaus Irmscher hat in seiner langjährigen Kariere als Musiker viele Lieder geschrieben. Besonders großen Anklang fanden seine erfrischenden Vertonungen beliebter Geschichten um den Schalk Till Eulenspiegel. Doch das reichte nicht. Klaus Irmscher bescherte Eulenspiegel ein zweites Leben – im Hier und Jetzt – wo er so frech wie eh und je die Ignoranz seiner Mitmenschen aufs Korn nimmt.

Dieses Buch vereint nun erstmals alle Lieder des Musikers Klaus Irmscher über Till Eulenspiegel.

Genarrt, geäfft, geEulenspiegelt
Musik und Noten von Klaus Irmscher
published in Germany
Copyright © 2016 by Klaus Irmscher

Sollten Sie Rechtschreibfehler oder Formatierungsprobleme entdecken, setzen Sie sich bitte mit dem Autor in Verbindung.
Alle Rechte vorbehalten. Mit Ausnahme kurzer Zitate zum Zweck der Werbung oder für Rezensionen darf kein Teil dieses Buches ohne entsprechende schriftliche Erlaubnis des Autors kopiert oder anderweitig verwendet werden. Alle Personen und Begebenheiten in diesem Buch sind frei erfunden, obwohl sich die Lieder eng an die von Hermann Bote überlieferten Geschichten halten. Nur die Örtlichkeiten gibt es zum großen Teil wirklich. Ähnlichkeiten mit aktuellen Ereignissen oder Personen sind rein zufällig und vom Autor nicht beabsichtigt.

Titeldesign: Katharina Gerlach
Fotos: Jutta Schwöbel
Herstellung und Verlag: BoD – Books on Demand, Norderstedt, Deutschland
ISBN-13: 978-3-73922-448-0

Information zum Programm des Musikers finden Sie auf seiner Homepage:
http://www.Klaus-Irmscher.de

Genarrt, geäfft, geEulenspiegelt

Klaus Irmscher

INHALTSVERZEICHNIS

Grußwort des Möllner Bürgermeisters 7
Vorwort..9
Teil Eins
Der dreifach Getaufte 11
Hinter Vaters Rücken 15
Der Seiltanz..18
Im Bienenkorb ins Leben 22
Räum mir das Haus 26
Der Magdeburger Flug..30
Vom Turme zum Sturme...33
Das Celler Erdreich 38
Der Erfurter Esel 41
Die Papst-Audienza 44
Die rote Wurst 48
Die falsche Beichte 52
Der Ärmelwerfer...56
Dor Leipzchr Hase 59
Zu Lübeck vor dem Galgen 61
Eulen und Meerkatzen 66
Das grüne Tuch...70
Des Geldes Klang 73
Zwölf Blinde zu Hannover 77
Die Nürnberger Heilung..83
Der letzte Handel 87
Der Stein-Reiche 90
Nachgesang...95
Teil Zwei
Eulenspiegels Wiederkehr...99
Mc Owlmirror Fishburger 101
Des Hupers Navi... 104
Bullshit in the air 108
Die Gespielin 113
Bock zum Schaffe 117
Das Bankhaus Prell 121
Tiefbau Baazhofer... 125
Die Möllner Verbindungsstraße.. 128

Parken vorm Geschäft	133
Der starke Stoff	137
Im Ungarischen Speisewagen	142
Feuerspeien leichtgemacht	148
Bi't Dörpen Langenliekers	153
Der Schau-Bau	156
Die Eulenaugen-App	162
Brot von gestern	167
Flohmarkt in der Staatsanwaltschaft	172
owl-mirror.web.com	178

Anhang

Grifftabelle	181

Grußwort von Bürgermeister Wiegels

zum Eulenspiegel-Liederbuch von Klaus Irmscher

herausgegeben 2016

Liebe Leserinnen und Leser,

mit dem vorliegenden Liederbuch halten Sie eine Sammlung von Liedtexten in Händen, die der Möllner Liedermacher Klaus Irmscher gemeinsam mit Katharina Gerlach aus seinen Liedern zusammengestellt hat.

Sie finden alte und neue Themen, Texte auf Plattdeutsch und Hochdeutsch, heitere und ernste Lieder in dieser Sammlung. Allen gemeinsam ist der Bezug zu Eulenspiegels Stadt in Schleswig-Holstein – zu Mölln und zum Kreis Herzogtum-Lauenburg. Mit spitzer Feder und spitzer Zunge nimmt Klaus Irmscher in guter Eulenspiegel-Manier die Mitmenschen und ihre Eigenarten aufs Korn, gern auch Funktionsträger in Politik und Verwaltung, um sie in seinen Liedern dem Spott seiner Zuhörer auszusetzen. Alltägliche Erlebnisse werden ebenso in den Liedern verarbeitet wie Nachrichten aus der regionalen Presse – vieles wird man beim Lesen der Texte wieder erinnern, vor allem als Möllner BürgerIn.

Ich wünsche dieser Liedersammlung ebensolchen Erfolg, wie Klaus Irmscher ihn bei seinen Auftritten in Mölln und Umgebung seit Jahren hat und freue mich, dass er die Eulenspiegel-Tradition Möllns auf diese Weise am Leben erhält und fortführt.

Jan Wiegels
Bürgermeister

Mölln, im Juni 2015

Vorwort

Im Jahr des Herrn zweitausendundsieben vernahm ich - als Möllner Minnesänger - den Ruf, der Bote von Hermann Bote zu sein. Selbiger hatte um das Jahr fünfzehnhundert die Geschichte des Till Eulenspiegel aufgeschrieben. So hub ich nun an, auserwählte Eulenspiegel-Historien in Reim und Strophe zu bringen und sie mit wohlgesetzten Weisen zu versehen; und im Januar des Jahres zweitausendundacht, da bracht' ich sie im Alten Rathause zu Mölln der geneigten Hörerschaft dar. Bald hieß man mich, meine Eulenspiegellieder abermals in Mölln zu singen. Also dünkte es mir wohlgetan, neue Eulenspiegel-Historien zu suchen. Ich fand sie heut, in unserer Zeit, überall dorten, wo Dummheit, Geiz und Gier uns treibet. Im Jahr des Herrn zweitausendundzehn brachte ich eine tönende Silberscheibe heraus mit dem Titel "Genarrt, geäfft, geEulenspiegelt". Auf selbiger sind acht Gesänge nach den alten Historien sowie sieben nach heutigen Geschehnissen versammlet.

So dank ich nun all jenen, die mein Tun als Bote von Hermann Bote beförderten und begleiteten. Ich danke meiner damaligen Gefährtin Renate Brandt, die mir beim Schleifen meiner Gedanken, meiner Worte und Weisen half; ebenso dank' ich Gernot Exter von der Möllner Eulenspiegelgilde und Michael Packheiser vom Möllner Museum, die mir den Weg zur Uraufführung im Möllner Museum ebneten. Weiter dank' ich Hella und Peter Thomas aus dem Westerwalde für die Anregung zum Liede "Das Brot von gestern"; Susanne Dieudonné und Uwe Rasmussen dank' ich für ihre Hilfe, meine Weisen in Noten zu setzen. Herrn Bürgermeister Wiegels dank ich herzlich für sein Grußwort. Auch dank' ich jenem rastlosen Benzinkutscher, welcher mich einmal von hinten anhupte, als es vorne gerade nicht weiterging. Sein Hupen ließ mich finden, was Eulenspiegel tat, als ihm Gleiches widerfahren war. Und mein ganz besonderer Dank gilt Katharina Gerlach, die meine Texte, wenn sie neu waren, stets als erste las und kommentierte und mir mit Rat und Tat beim Verfassen dieses Buches zur Seite stand.

So wünsch ich Euch nun ein vergnüglich Lesen!

Eulenspiegelhauptstadt Mölln
im Jahr des Herrn zweitausendundsechzehn

Klaus Irmscher - der Bote von Hermann Bote

TEIL EINS

Der dreifach Getaufte

Leute, lauschet dem Berichte,
gebet acht, ich fange an:
Ich erzähl' euch die Geschichte
von ein'm wohlberühmten Mann.
Viele Städte ziert sein Bildnis,
und man liest von seinem Tun
auch noch in der fernsten Wildnis,
ihr sollt's selber hören nun:

Im Jahr des Herren Dreizehnhundert,
solches kam der Welt zu Ohr'n,
ward in Kneitlingen bei Braunschweig
ein Bauernsohn gebor'n.
Er kam früh in mißlich Lage
durch die Patin, die zu viel gesauft,
und an einem einz'gen Tage
ward dreimal er getauft

Till Eulenspiegel heißt er,
und manch ein wack'rer Meister,
vielleicht nicht ganz begeistert
gedachte lange sein
Till Eulenspiegel hieß er,
und manch ein milder Priester
bekreuzigt sich, dann gießt er
sich auf Till 'nen Meßwein ein.

Als die Mutter wohl erholet war
von den Mühen der Geburt,
bracht den Knaben man zur Taufe gar,
ging hernach zum Biere furt.
Auf dem Heimweg - eine Patin,
zu viel Bier trank sie im Krug,
glitt vom Steg und lag im Bache,
als das Kind am Arm sie trug

Herausgefischt ein schlammig nasser
Till - man bracht' ihn heim geschwind.
In ein'm Kessel voll warmem Wasser
wusch man rein das teure Kind.
Dreifach ward er so getaufet:
In der Kirch, im Bache und daheim.
Wie Tills Leben weiterlaufet,
dazu lauschet nun gar manchem Reim

Seid mir willkommen, ihr Leute, die ihr dieses Buch aufgeschlagen habet. Also leset ihr nun von Till Eulenspiegel. Hermann Bote, Zollschreiber zu Braunschweig, hat seine Geschichte Anno fünfzehnhundert aufgeschrieben. Und im Jahr des Herrn zweitausendundsieben begann ich, ausgewählte Historien daraus in Reime und Weisen umzusetzen. So spreche ich nun zu euch aus diesem Buche als der Bote von Hermann Bote.

Till verlebte seine ersten Kinderjahre im Dorfe Kneitlingen nahe Braunschweig. Er wuchs heran, ward lustig und gesellig und lernte bald, Beachtung sich zu verschaffen.

Doch wenn die Nachbarn sich beklagen
ob des Knaben frech Betragen,
da halt der Vater die Augen offen -
sollt man hoffen!

Als Eulenspiegel sechs Jahr' alt war
- die Nachbarn schimpften sehr,
beklagten sich beim Vater, welch ein Schalk sein Sohn wohl wär.
Der Vater frug: „Von welch Ungefug erzähl'n die Leute mir?"
Sprach Till: „Ich tue keinem was - beweisen will ich's dir.

So laß uns reiten durch das Dorf - ich setz mich hinter dich,
ich sag' kein einz'ges Wort - und doch: Sie klagen über mich."
Sie ritten fort, Till sprach kein Wort
- und bei des Pferdes Marsch
zeigt' hinter Vaters Rücken er dem Dorf sein'n blanken Arsch.

Da huben sie zu schimpfen an: „Ein Schalk! 's ist unerhört!"
„Da hörst du's", sprach er,
„wüßt' ich, was die Leut' nun wieder stört!"
Der Vater sprach: „Welch Ungemach
- nun will ich's aber sehn."
Er setzte Till vor sich auf's Pferd
- 'ne Runde noch zu dreh'n.

Till streckte nun die Zunge raus
- Grimassen schnitt er keck.
Der Vater blickte g'radeaus
- wohl über Till hinweg.
„Da seht den Balg,
den frechen Schalk!"
Man schimpft' ohn' Unterlaß.
Der Vater sprach: „Er saß doch still und tat gar keinem was!"

Der Vater blickte g'radeaus und nicht zum Sohne hin,
und der trieb seinen Schabernack
- g'rad wie's ihm kam in'n Sinn.
Der Vater sprach: „Man klagt mir - ach
- nur grundlos voll die Ohr'n,
du bist in einer unglücksel'gen Stunde wohl gebor'n"

Zwischen den Gesängen sei gesaget:

Tills Vater war landloser Bauer, und dunkle Quellen munkeln, er habe beim Raubritter im Solde gestanden. Bald zog nun die Familie um ins Magdeburgische Land, nach Hohendorf an der Saale, dem Heimatdorfe von Tills Mutter. Kurz nach dem Umzuge starb Tills Vater. Eulenspiegel wuchs heran.

Da Till nun sechzehn Jahre zählet,
wurd's Zeit, dass ein'n Beruf er wählet.
Ei nun, der Bursch, recht aufgeweckt,
er zeigte bald, was in ihm steckt.
Jedoch - die Mutter hat's erschreckt ...

Der Seiltanz

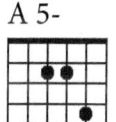

A 5-

In Hohendorf an der Saale
lebt' Till in arger Not.
Er war grad' sechzehn Jahre,
der Vater war schon tot.
Die Mutter sprach: „So lerne
ein Handwerk! Dich beeil'!"
Doch Till, der lief nur gerne
und gut wohl auf dem Seil.

Wohl auf des Daches Boden
hatt' Till ein Seil gespannt.
Dort übt' er viele Wochen,
bis ihn die Mutter fand.
Sie hieb nach ihm, schrie Zeter,
auf's Dach tät er entfliehn
und tät vier Wochen später
ein neues Seil wohl ziehn.

Zum Dach hinaus von Mutters Haus,
das an der Saale stand,
hat er das Seil zum Nachbarhaus
wohl über'n Fluß gespannt.
Das halbe Dorf, es strömt heran
zu schau'n, was folget nun.
Dacht' Till: „Was ich am besten kann,
das will ich füglich tun."

Till wandert auf dem Seile,
man bestaunet sein Geschick.
Die Mutter zornig eilet
zum Dach und trennt den Strick,
und Till fällt in die Saale,
ein Spottgebrüll erschallt.
„Dass ich es heim euch zahle,"
denkt Till, „ihr Leut', auf bald!"

Am nächsten Tage spannte Till ein Tau von einem ander'n
Haus und rief: „Ihr Leute, herbei und höret zu!"
Dann begann auf dem Seile er zu wandern,
rief: „Gebt mir für ein Kunststück eure linken Schuh'!"
Sie reichten ihm die Schuhe, er band sie auf auf ein'n Strick,
zerschnitt den Strick und warf die Schuhe auf die Leut' zurück.

Sie haschten nach den Schuhen, sie hieben und sie stritten:
„Der Schuh ist mein!" „Nein, mein!"
„Halt's Maul, du frecher Dieb!"
Derweil ist Till fein still vom Seil herabgeglitten
und sauste nach Haus, wo er vier Wochen drinnen blieb
und Schuhe flickte, die man aus Helmstedt zu ihm bracht'
„Schaut her, er wird gescheit!" hat die Mutter sich gedacht.
„Schaut her, er wird gescheit!" hat die Mutter sich gedacht.

Zwischen den Gesängen sei gesaget:

Glaubet ihr, Till wäre nun gescheit geworden? Ei, weit gefehlet! Ihr fraget euch: Wie lange mag es ihn noch in der Mutter Haus gehalten haben? Das nächste Lied wird es euch erzählen.

Im Bienenkorb ins Leben

Die Mutter klagt, dass Till sich gar
nicht um ein Handwerk kehret
Sein einz'ger Drang der Seiltanz war,
doch der war ihm verwehret.
Sie litten eine arge Not,
und da's kaum gab zu essen,
erschwindelt er ein'n Sack voll Brot,
zu Staßfurt ist's gewesen.

Grad achtzehn Jahr' alt zu der Zeit
tät Till mit Muttern laufen
zu einem Dorf, drei Stunden weit,
zur Kirchweih, sich besaufen.

Er tät nach einem Schlafplatz sehn,
wo keiner ihn würd' stören,
sah Bienenkörb' im Hofe stehn
und kroch in einen leeren.

Die Mutter sah kein'n Till und dacht,
er wär nach Haus entwichen.
Till schlief im Korb bis Mitternacht,
zwei Diebe kam'n geschlichen.
Der eine raunt dem andern still:
„Der schwerste Korb, der lohnt sich!"
Sie schulterten den Korb mit Till
und dachten 's wäre Honig.

Till hörte, wie sie planten,
zu verhökern ihre Waren.
Stockdunkel war's, er zog im Nu
den Vord'ren an den Haaren.
Der fluchte laut dem Hintermann,
was dieser sich wohl dachte,
der bellt empört den Vord'ren an,
Till leis' im Korbe lachte.

Nach einer Weile zog nun Till
des Hint'ren Haare kräftig.
„Du falscher Hund!" so keift der schrill,
sie stritten laut und heftig.
Und bald zog Till des Vord'ren Schopf,
des Aug' tät böse funkeln,
er hieb wohl nach des Hint'ren Kopf,
verlor den Korb im Dunkeln.

Till weiß nicht, wo er sich befind't,
als früh die Vögel singen.
Er läuft zu einer Burg geschwind,
als Hofbursch sich zu verdingen.

Till Eulenspiegel dient ein'm Herrn,
der nähret sich vom Raube,
doch da hilft Till nicht gar zu gern,
er macht sich aus dem Staube.

So kam nun Till von Muttern fort,
im Rausch auf Diebesbeinen
und tanzt am Seil von Ort zu Ort
durch's Leben - will mir scheinen.

Zwischen den Gesängen sei gesaget:

So zog nun Till hinaus ins Land,
er war schon fast in Hildesheim,
als ihn ein Kaufmann am Straßenrand fand,
der sprach: „Als Hausbursch kannst du bei mir bleib'm."
Der Kaufmann nun sprach gern in Bildern;
Till nun begann im Wortwald zu wildern.

Wohl, ihr Bürger, gebet acht,
was ihr alle Tag' so saget.
Irgendwann, da wird's gemacht.
Ihr fluchet, wenn ihr die Folgen traget.

Räum mir das Haus

Noch schöner klingt die Begleitung mit Quintakkorden: D5 statt D-moll, G5 statt G-Dur, A5 statt A-Dur und der offene F6-Akkord statt F-Dur. (Siehe Grifftabelle)

Bei einem Kaufmann zu Hildesheim
dient' Till in jungen Jahren.
„Till, schmier den Wagen, fett ihn gut ein,
wir wolln nach Goslar fahren."
Till nahm die Schmier' und teilt' sie aus,
er werkte, dass er schwitzet,
schmierte den Wagen drinn' und drauß',
besonders dort, wo man sitzet.
Der Wagen rollt, der Kaufmann bebt:
„Till, wozu bist du imstande?!
Ich bin mit Fett und Schmier' beklebt
An Händen und am Gewande!"

„Ei Herr, welch Wut will Euch zerreißen?   Refrain
Was tut Ihr mit mir zanken?
Ich tat, wie Ihr mich geheißen,
und Ihr wollt's mir nicht danken"

Der Kaufmann rief: „Des werd ich nicht froh,
mit einem Schalk mich zu balgen!
So wisch den Wagen aus mit Stroh -
ach, fahr doch an den Galgen!"

Till fuhr zum Galgenberg hinaus,
befolgt' des Kaufmanns Worte,
hielt an und spannte die Pferde aus,
zu rasten an diesem Orte.
„Du grober Schalk!" der Kaufmann schrie,
„Tust mich schon wieder narren!
Räum mir das Haus gleich morgen früh!
Und tu zum Teufel hin fahren!"

Am nächsten Morgen - Kaufmann aus dem Haus,
Till zieht noch nicht von dannen,
schleppt Tisch' und Stühle auf die Gasse raus
samt Kerzen, Krügen und Kannen.
Die Nachbarn staunen, was dies wohl sei,
man tät den Kaufmann suchen.
Der hört die Kunde, eilt herbei
und tät gar schröcklich fluchen.
„Ei Herr, so fluchet nicht so sehr,
helft mir, dass Ihr mit traget!
„Räum mir das Haus", bei meiner Ehr,
das habt Ihr mir gesaget!"

Der Kaufmann räumt sein Zeug ins Haus,
schleppt's über viele Stufen.
Die Nachbarn schütten sich vor Lachen aus,
von Ferne hört man Till rufen:

Ei Herr, welch Wut will Euch zerreißen? ...

Zwischen den Gesängen sei gesaget:

Wohl, ihr Leute, höret nun, was sich weiter zutrug mit Eulenspiegel: In Hildesheim hatte er sich seinen Ruf verdorben. So ging er zurück ins Braunschweiger Land, und im Dorfe Büddingstedt bei Helmstedt dingte ihn der Pfaffe als Knecht. Merket wohl, ihr Leut: Das Wort „Pfaffe" hatte zu damaliger Zeit keinen abfälligen Beiklang. Man sagte „Pfaffe" so, wie man heute „Pfarrer" oder „Pastor" saget. Also hub ich an zu erzählen: Im Dorfe Büddingstedt verdingte sich Eulenspiegel beim Pfaffen als Knecht.

Deucht euch nun, Till wäre fromm geworden, da er in den Dienst der Kirche trat?! Nun, Till fraß dem Pfarrer ersteinmal die gebratenen Hühner vom Spieße weg. Und als er auch noch Küster geworden, da wettete er mit dem Pfarrer um eine Tonne Bier. So stiftete er den Pfaffen dazu an, dass dieser um der Wette willen mitten in die Kirche schiß!

Schließlich lehrte er Bauern und Mägde einen Text für das Osterspiel, mit welchem sie einander so beleidigten, dass sie nur noch wütend aufeinander einhieben. Eulenspiegel entfleuchte beizeiten und ward in Büddingstedt nie mehr gesehen.

So kam er nach Magdeburg und vollführte dort gar viele Streiche. Bald kannte die ganze Stadt seinen Namen. Nun geschah etwas, das man sich heute in unserer Zeit gar nicht mehr vorstellen kann: Die angesehensten Bürger baten Eulenspiegel, er möge etwas Abenteuerliches und Gauklerisches treiben. Man dürstete nach dem noch nie Dagewesenen.

Der Magdeburger Flug

„Herbei, oh ihr Leute, zum Magdeburger Rathaus!
Ihr sollt ihn heut vom Erker fliegen sehn.
Sieht euer Leben Tag für Tag auch fad aus,
Eulenspiegel zaubert es euch schön!"
So scholl der Ruf, und Magdeburgs Bürger
eilten herbei, ob jung ob alt.
Da stand nun Till auf des Rathauses Erker
und schwang die Arme als flög er bald.

Sie starrten und glaubten, gleich flög er wie die Tauben.
Till rief: „Ich dacht', nur ich wär hier der Tor!
Nun seh ich hier euch Toren mir glauben.
Wie stellt ihr euch das Fliegen ohne Flügel vor?!"
Till verschwand und ließ die Leute stehen.
Manche fluchten, manche lachten gar:
„Das Unmögliche wollten wir sehen,
ein Narr ist er, und er spricht doch wahr!"

Zwischen den Gesängen sei gesaget:

Eulenspiegel streifte durch das Land, und eines Tages, da verdingte er sich zu Bernburg beim Grafen von Anhalt als Turmbläser.

Je nun -
Ein Fürst, der raffet nur und zanket,
dem Nachbarn nicht die Hülfe danket,
der braucht viel Leute auf der Wacht,
und wenn er nun diese nicht recht acht',
droht Feuersbrunst und vielfach Tod!
Doch seid getrost, nicht solche Not
ereilte Bernburgs kleines Reich -
's war nur ein Eulenspiegelstreich.

Vom Turme zum Sturme

Der Graf von Anhalt hatte viele Feinde,
da der Graf von Anhalt meinte,
Dienste könnt' er entlohnen unter Wert
und sich nehmen, was ihm nicht gehört.

Eulenspiegel beim Grafen im Solde,
zu Bernburg als Turmbläser war er bestallt.
Falls ein Feind sich nähern wollte,
wollt der Graf, dass das Horn erschallt
vom Turme zum Sturme - tätätäterätätää

Des Grafen Leute saßen und aßen,
Till am Turm zu speisen sie vergaßen.
Feinde kamen an den Ort,
trieben des Grafen Rindvieh fort.
Till aber tat nicht rufen noch blasen,
ein Bote bracht' dem Grafen den Bericht.
Der tät fluchend zum Turme rasen:
„Dr Feind is da! Nu, warum bläst'n du nicht?!"
Vom Turme zum Sturme - tätätäterätätää!

„Herr Graf, ich blase nur ungern vor dem Essen,
da fehlt mir die Kraft - man hat mich hier vergessen."
Graf mit Mannen zog zum Tor hinaus,
focht den Feind und bracht' das Vieh nach Haus.
Sie schlachteten, sie brieten, und aßen.
Wieder vergaß man Till auf der Wacht.
Der begann gar laut zu blasen
dem Feind, den er sich ausgedacht.
Vom Turme zum Sturme - tätätäterätätää!

Der Graf samt Reitersleut und Knappen
stob von der Tafel - den Feind zu schnappen,
suchte den Feind wohl vor der Stadt,
Till ging zur Tafel und aß sich satt.
Da sprach der Graf: „Keen Feind ze sehen!
Nu, das hat dr Till aus Schalkheit jetan!
Der soll mit zum Fechtn jehen!
Ä andrer blas de Feinde an!"
Vom Turme zum Sturme - tätätäterätätää!

Dies verdroß Till Eulenspiegel,
doch nur mit Laufpaß käm er fort,
diesen mit des Grafen Siegel,
dieses auf des Grafen Wort.
Und ging's hinaus, den Feind zu fechten,
Till zog als letzter hinaus beim Tor,
als erster zurück vor den andren Knechten,
der Graf voll Zorn nahm Till sich vor.
Vom Turme zum Sturme - tätätäterätätää!

„Herr Graf, Ihr ließet mich hungern auf dem Turme,
also zieh ich entkräftet zum Sturme.
Wenn ich nun zu lange föcht',
käm ich nicht mehr zum Essen zurecht.
Bei Kräften föcht' ich ohne Auslaß!"
„!Ähhh! Hier haste dein'n letztn Sold.
Dann jeb' ich dir ooch noch dein'n Laufpaß."
So konnt' er zieh'n, eh es wieder erschollt'.
Vom Turme zum Sturme - tätätäterätätää!

Eilte seines Weg's und meinte,
dass es fern vom Kampfe kracht.
„Ich laß dem Grafen all die Feinde,
wo er sie doch so gern jagt."
Vom Turme zum Sturme - tätätäterätätää!

Zwischen den Gesängen sei gesaget:

Bald trieb sich Eulenspiegel im Lande Lüneburg herum. Und er trieb es so bunt, dass Bürger und Bauern sich beim Herzog in Celle beklagten. Also sprach dieser ein Machtwort und ließ es verkünden:

Das Celler Erdreich

Text und Musik:
Klaus Irmscher
2007

Zwischenspiel - nach 1. - 4. Strophe

„Um's Lüneburg'sche Herzogtum, da schlag Er einen Bogen,
viel' Bauern und Kaufleut' hat Er schon in diesem Land betrogen,
sich Handwerksmeistern angedient - dort Werkstoff nur verschlissen,
manch angeseh'nem Landeskind gar vor die Tür geschissen!

Till Eulenspiegel, hüt Er sich, Sein'n Schritt hierher zu lenken!
Der Herzog, wenn er auf Ihn trifft, der läßt Ihn sofort henken!"
Doch Till schert sich um kein Verbot - der Herzog tat ihn fangen,
erspart ihm einmal noch den Tod - das nächst' Mal würd' er hangen.

Till Eulenspiegel hätt' einen Karr'n - zu ziehn von seinem Pferde.
Beim Bauern kaufte er 'ne Karrenladung Ackererde.
Till setzte sich drauf und fuhr damit zur Residenz nach Celle.
Der Herzog samt Gefolge ritt herbei, dass man Till stelle.

„Mein Land ich dir verbot!" Till sprach: „Ich sitz' ja nicht auf deinem,
ich kauft' mir diesen Ackersand - so sitz ich nun in meinem!"
„Till, fahr mit deinem Erdreich - tu mein Erdreich schnell verlassen!
Und kommst du wieder, hängst du gleich - ich laß' nicht mit mir spaßen!"

Auf's Pferd sprang Till und ritt davon - er ließ ihn stehn, den Karren.
Sein Erdreich liegt in Celle nun - seit vielen, vielen Jahren,
doch dort gedenkt man seiner nicht - an Spiegeln braucht man keinen
für Dummheit, Habgier, falsch' Gericht - man lebt im Land der Reinen!

Zwischen den Gesängen sei gesaget:

So leset nun noch eines aus Eulenspiegels jungen Jahren: Zu Prag hatte er sich als ein großer Gelehrter ausgegeben und die naseweisen Studenten an der Nase herumgeführet. Ihre Rache fürchtend eilte er hinfort.

Er kam nach Erfurt, und auch hier gab er sich als großer Gelehrter aus. Doch die Kunde von Eulenspiegels Tun zu Prag war dem Rektor der Erfurter Universität schon zu Ohren gelanget. Da beschloß dieser, höchstselbst Eulenspiegel einen Streich zu spielen. So leset nun, wie dieses ausging.

Der Erfurter Esel

An Erfurts Universität - ist's angeschlagen g'wesen:
Ein groß' Gelehrter lehret jedes Wesen hier das Lesen.
Der Rektor dacht: „Den stell ich bloß - mit einer Aufgab', ner schweren!"
Ging hin, sprach: „Eulenspiechl, wollt Ihr einen Esel 's Lesen lehren?"

Sag an, was sagt der Esel da?   Refrain
I A - I A - I A

Till sprach: „So schafft mir her das Tier - dass es die Lehr' erfahre.
Fünfhundert Gulden zahlet mir - und gebt mir zwanzig Jahre."
Im Stall der Herberg' zu diesem Ziel - tät Till den Esel halten.
Zu Erfurt gab's der Esel viel - manch jungen und gar manchen alten.

Till tat nun Hafer in ein Buch samt Granne, Halm und Spelze,
Legt's vor den Esel zum Versuch, dass der die Seiten wälze.
Und war gefressen 's letzte Korn vom Buche in dem Stalle,
schrie er „I-A" voll hungrig Zorn und tat wohl solches viele Male.

Nach einer Weil', da kamen an der Rektor samt Doktoren.
„Kommt Euer Schüler wohl voran? So bringt es uns zu Ohren!"
Till reicht dem Esel 's leere Buch, der schreit „I-A" viel' Male.
Sprach Till: „'s trägt Früchte der Versuch, er kann schon lesen zwei Vokale!"

Man zahlte Till ein' Abschlag aus; der Rektor starb kurz später.
Aus dem Vertrag war Till heraus und seiner Wege geht er.
Denkt: „Soll ich Erfurts Esel lehrn, dass ihn'n die Köpfe rauchen?
Und dass sie davon klug noch wer'n - viel Zeit tät ich dazu wohl brauchen!"

Zwischen den Gesängen sei gesaget:

Eulenspiegel trieb es weiter, er äffte den Landgrafen zu Marburg mit einem Bilde, das, so sagte er, nur die Unehelichen sehen konnten; er wusch Pelze zuschanden, er erschwindelte Opfergaben mit einer falschen Reliquie, und er schmiß zu Nürnberg die Stadtwächter ins Wasser.

Doch dann - so leset und staunet, ihr Leute - dann ging Eulenspiegel auf die Pilgerfahrt - den beschwerlichen Weg über die Alpen hinweg - hin zur ewigen Stadt Rom. War Till nun auf dem Wege, sich zu läutern? So leset den Text des Gesanges, gesetzet nach der 34. Historie, welche Hermann Bote niederschrieb.

Die Papst-Audienza

Text und Musik:
Klaus Irmscher
2007

Till und Wir-tin sind zur Stel-le, weil der Papst die Mes-se hält.

Till, mit Weih-was - ser be-reg-net, drängt sich zum Al - tar im Nu.

Als der Papst den Meß- wein seg-net, dreht ihm Till den Rück-en zu.

Zwischenspiel nach der 4. Strophe:

Strophen 4 und 6 wie Strophe 2 - Strophe 5 wie Strophe 3
Die beiden Schlußzeilen werden wiederholt.

Tempi: Vorspiel und 1. Hälfte 1. Strophe: ♩ 130
      2. Hälfte 1. Strophe und 2. Strophe: ♩ 150
      Ab 3. Strophe: ♩ 170

Eulenspiegel reiste nach Rom,
wohnt' zur Herberg' bei einer Dame,
die viel kniet' im Petersdom,
angesehen war ihr Name.
„Was tust du in Rom hier, Till?"
Frug die Wirtin, „so erzähle!"
Sprach Till: „Den Papst ich sprechen will,
um zu läutern meine Seele."

„Mit dem Papst zu reden wäre," sprach die Frau, „auch mein Plaisir.
Wenn du mir verschaffst die Ehre, zahl ich hundert Gulden dir!
Meiner Freundin, der Lorenza, hätte ich's dann heimgezahlt,
die von der Audienza mit dem größten Sternendeuter prahlt."

Sonntags drauf in der Kapelle
„Sankt Johannis auf dem Feld",
Till und Wirtin sind zur Stelle,
weil der Papst die Messe hält.
Till, mit Weihwasser beregnet,
drängt sich zum Altar im Nu.
Als der Papst den Messwein segnet,
dreht ihm Till den Rücken zu.

Da sprach der Kapellen Pater:
„Hier blüht übel Ketzerei!
Fremder, sag Er dem Heil'gen Vater,
welchen Glaubens Er wohl sei!"
„Ich glaub', was glaubet meine Wirtin."
Man rief sie, frug sie, was sie glaubt.
Sie sprach zum Papst: „Ich glaube, was die Kirche
mir zu glauben wohl erlaubt!"

Sprach der Papst zu Till gewendet:
„Sag mir, warum drehtest du,
als den Segen ich gespendet,
dem Altar den Rücken zu?!"
„Vater, ach, ich Unglücksrabe
bin von arger Sünd beschwert.
Erst wenn ich's gebeichtet habe,
bin des Sakrament's ich wert."

Till samt Wirtin ward entlassen,
Till strich hundert Gulden ein.
Wirtin faucht': „'s ist nicht zu fassen!"
Till sprach: „Wirtin, tu dich freu'n!
Geh, erzähl's der Freundin Lorenza,
ist nicht das der Gulden wert?!
War auch kurz die Papst-Audienza,
du bekamst, was du begehrt!"

Zwischen den Gesängen sei gesaget:

Zurückgekehret in deutsche Lande,
auf gutem Fuß mit dem geistlich Stande
wohnt Till auf's Neu' in Hildesheim,
führt dorten niemanden auf den Leim,
geht Sonntags dort
zum Kirchgang fort
in den Nachbarort
und dort:
Zu Hoheneggelsen beim Pfarrer
ein guter Freund des Hauses war er.
So hoffen wir, der Pfarrer nun
Ihm Vorbild sei zu gutem Tun!

Die rote Wurst

♩ 152

Text und Musik:
Klaus Irmscher
2007

Vorspiel:

Als Eu-len-spie-gel a-ber-mals in Hil-des-heim wohl weil-te, da kauf-te er ei-ne gu-te ro-te Wurst, und da-mit eil-te er sonn-tags nach Ho-hen-eg-gel-sen zum Pfar-rer, den er gut kann-te. Der hielt die Früh-mess, da er stets auf zeit-ges Es-sen brann-te. Till gab die Wurst der Kö-chin, daß er nach der Kir-che es-se, ging hin, dort hielt ein an-drer Pries-ter nun die zwei-te Mes-se. Der Pfaff, den Till be-ehr-te, der-weil nach Haus' sich kehr-te.

Zwischenspiel und Nachspiel:

Letzte Strophe (Kurzstrophe):

Der Pfaffe schnob: "Du Haderlump, was bist du bloß für einer?!" Sprach Till: "Eurer gedachte ich, ade, gedenkt nun meiner!"

Als Eulenspiegel abermals in Hildesheim wohl weilte,
da kaufte er eine gute rote Wurst, und damit eilte
er sonntags nach Hoheneggelsen zum Pfarrer, den er gut kannte.
Der hielt die Frühmess', da er stets auf zeit'ges Essen brannte.
Till gab die Wurst der Köchin, dass er nach der Kirche esse,
ging hin, dort hielt ein andrer Priester nun die zweite Messe.
Der Pfaff, den Till beehrte,
derweil nach Haus sich kehrte.

Der Pfaff kommt in die Küch', die Köchin Tillens Wurst wohl preiset,
der Pfaff probiert, sie schmeckt so gut, dass er sie ganz verspeiset.
Till kommt zurück vom Kirchgang, Pfarrer sich die Lippen lecket:
„Ich dank dir, Till; die rote Wurst, sie hat gar wohl geschmecket."
Bewirtet Till mit Kohl und spricht: „Zur nächsten Sonntagsrunde
bring zwei Würst' mit; ich zahl sie dir; das Fett uns trief' vom Munde!"
Sprach Till beim Hute Schwenken:
„Werd Eurer wohl gedenken."

Till traf den Abdecker, der fuhr eine Sau, ne stinkend tote.
Sprach Till: „Koch mir daraus zwei fette Würste, würzig rote!"
Des Sonntags bracht' dann Till die Würst' wohl in des Pfarrers Küche,

darauf er sich zur zweiten Mess' zum andern Pfarrer schliche.
Als Till zurück ins Pfarrhaus kam, war'n Pfaff und Köchin munter
beim Würstefressen, und das Fett troff ihn'n vom Munde runter.
Sprach Till: „Ihr mögt verzeihen,
die Gier kommt vor dem Speien.

Die Würst von einer Sau war'n, die vier Tag' zuvor verendet."
Dem Pfaffen und der Köchin hat's den Magen gleich gewendet.
Der Pfaff schmiß einen Knüppel und tät übel Flüche plärren.
Sprach Till: „Ei, dies geziemt sich nicht für einen frommen
Herren!"
„Ei, schämst du dich der Dreckswurst nicht?!!!" der Pfaff schreit
wie besessen.
Sprach Till: „Des letzten Sonntags Wurst hätt ich gern selbst
gegessen.
Ihr fraßt mir weg die rechte,
so würget nun die schlechte!"

Der Pfaffe schnob: „Du Haderlump! Was bist du bloß für einer?!!"
Sprach Till: „Eurer gedachte ich
- ade, gedenkt nun meiner!"

Zwischen den Gesängen sei gesaget:

Abermals begab sich Till in sein altes Heimatland - ins Braunschweigische. Und wieder schleicht er sich gleich beim geistlichen Stande ein.

Denn des Himmels Mannen hier auf Erden,
sie nähren uns mit höh'ren Werten,
und gehst vertraulich du zur Beicht',
wird nachher dir die Seele leicht.
Wohl dem, der mit dem Lichte sei.
Ihr Pfaffen, steh der Herr euch bei!

Die falsche Beichte

Es lebte der Pfaff von Kissenbrück
mit seiner schönen Köchin im Glück,
jedoch das größte Glück der Erd'
gab ihm sein schnelles Pferd.
Den Herzog von Braunschweig, den verdroß,
dass er nicht bekam des Pfaffen Roß.
„Ei Pfaff, ich zahl dir alles und mehr!"
„Ei Fürst, ich geb's nicht her!"

Als Eulenspiegel dies kam zu Ohr,
stellt' er sich gleich beim Herzog vor.
„Till, wenn du bringst dies Pferd zu mir,
schenk ich mein' Mantel dir!"
Und Till ritt nach Kissenbrück hinaus,
nahm Herberg' in des Pfaffen Haus.
Er schlich herum drei Tage lang,
dann ward' ihm sterbenskrank.

Der Pfaffe, der sprach: „Mein lieber Till,
wer weiß, wie dir's der Herrgott will!
So nimm das Abendmahl geschwind,
Und beicht mir jede Sünd'."
Sprach Till: „Meine Sünde, die galt dir.
Wenn ich's dir beicht', dann zürnst du mir.
Hol einen andern Pfaffen herbei,
dass ich kann reden frei."

„Der nächste Pfaff wohnt viel zu weit.
Was, wenn du stürbst zur Zwischenzeit?!
So beicht es mir - magst ruhig bleib'm,
die Beicht' ist ja geheim!"
„Ich schlief mit der Köchin - Herr, steh mir bei!"
Der Pfaff sprach: „Ich sprech dich der Sünden frei ... !!!!!"
Wurd' rot dabei und grün und bleich
und lief zur Köchin gleich

Er schrie: „Du Hur'! Du schliefst bei Till!!!"
Sie rief: „Lüge! Schweige still!
Ja, glaubst du mehr dem Narren da
als mir, die dir so nah?!!"
Von Stund an gesund sprach Till entsetzt:
„Du hast das Beichtgeheimnis verletzt!
Zum Bischof werd ich mich bemüh'n!"
Der Pfaffe fleht' auf Knie'n:

„Ei Till, ich zahl' dir jedes Geld!"
„Ei Pfaff, das schafft es nicht aus der Welt!
Ich meld's dem Bischof, wie's gehört.
Ich schweig nur - für dein Pferd!"
Till bracht' des Pfaffen Pferd sodann
zum Herzog - berichtet' ihm, wie er's gewann.
Der lacht' und schenkt' zum Mantel sein
ein Pferd ihm obendrein.

Der Pfaffe warf noch manch böses Wort
auf seine Köchin - da lief sie fort,
und alles, woran der Pfaff geglaubt',
das ward ihm so geraubt.

Zwischen den Gesängen sei gesaget:

Eulenspiegel hatte zwar nie ein Handwerk gelernet, jedoch er fand sich schnell in ein jedes Gewerbe hinein. So bekam er immer wieder Anstellung -
dort, wo man ihn noch nicht kannte.

Und Till lernte sie kennen, die fleißigen, wackeren Meister: Ein Schmied zu Rostock ließ wegen eines harmlosen Scherzes die Gesellen um Mitternacht schmieden. Bei einer anderen Schmiede, zu einer Zeit, als Arbeitsstellen rar waren, entbot sich Till, jede Arbeit zu tun und das zu essen, was sonst keiner aß. Der Schmied stellte ihm anheim, dem Dreck vom Abtritte zu verspeisen!
Ein Schuhmacher zu Wismar schließlich schlenderte lieber auf dem Markte umher als selbst zu arbeiten; und ein Brauermeister zu Einbeck tanzte mit seinem Weibe auf einer Hochzeit und ließ Eulenspiegel zum Hopfensieden alleine.

Je nun, ihr lieben Leut - ihr könnt es euch denken: Eulenspiegel vergalt es ihnen allen. Er vernahm der Meister Anweisung zur Arbeit und tat wie ihm geheißen.

Wohl, ihr Meister, gebet Acht
Die ihr nun euren Gesellen
Den Lohn und die Speisung streitig macht
Sie schaffen laßt bis in die Nacht
Eulenspiegel wird's euch vergällen

Der Ärmelwerfer

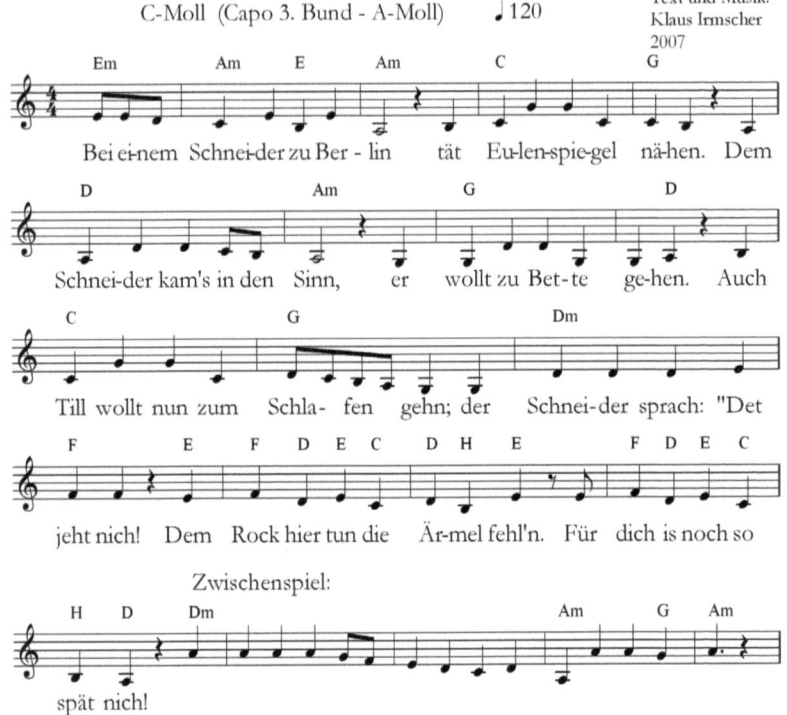

Letzte Strophe: Melodie der 2. Strophenhälfte.
Nachspiel wie Zwischenspiel - die letzten 4 Töne 1 Oktave höher.

Bei einem Schneider zu Berlin
tät Eulenspiegel nähen.
Dem Schneider kam's in den Sinn,
er wollt' zu Bette gehen.
Auch Till wollt' nun zum Schlafen gehn,
der Schneider sprach: „Det jeht nich!
Dem Rock hier tun die Ärmel fehln,
für dich is' noch so spät nich!

Wirf noch die Ärmel an den Rock,
und nachher kannste schlafen!"
Der Schneider sich verzog,
Till machte sich zu schaffen.
Er hängte den Rock an den Haken ran,
der Ärmel noch bedarf der.
Drauf zund sich Till zwei Kerzen an,
zum Rock die Ärmel warf er.

So warf er Ärmel Stund' um Stund',
und war'n zwei Kerzen kleine,
zwei neue er entzund
bis morgens um halb neune.
Der Schneider kam - verschlafen noch
und tät vor Zorn erbeben.
Sprach Till: „Ich werf die Ärmel, doch
am Rock woll'n sie nicht kleben.

Die Ärmel werfen hießt Ihr mich
anstatt zu Bett zu gehen."
„Mensch nee, ik faß et nich!
Ik meent', du sollt'st se nähen!"
„Ja, sagt Ihr anders als Ihr meint
und dies nicht mal zum Scherzen?!"
„Erßähl ma nüscht, du Menschenfeind!
Beßahl ma meine Kerzen!"

Da raffte Till sein Zeug und sauste
fort, wie mit dem Winde.
Vor'm Stadttor drauß' schlief er sich aus
im Schatten einer Linde.

Zwischen den Werken sei gesaget:

Eulenspiegel zog nach Bernburg, Rostock, Stendal, Aschersleben und wieder nach Berlin, wo er sich bei einem Kürschner verdingte. Dieser fertigte Jacken aus Wolfspelzen an - in seiner Zunft kurz „Wölfe" genannt.

Der Kürscher wies Eulenspiegel an, er möge „Wölfe" nähen und ging aus dem Hause. Till schnitt nun Felle zu, füllte sie mit Heu, gab ihnen Stecken als Beine und stellte sie auf, dass sie aussahen wie lebende Wölfe. Bald hatte Till dem Meister alle seine Felle verschnitten. Der Meister kam heim, sah es und hub an zu zetern: „Der Deibel soll dir hol'n! Wat haste mir für'n Schaden jetan! Ick will dir einsperr'n und bestrafm lass'n!"

Drauf erwiderte Till: „Ei, Meister, ist das mein Lohn und Dank? Ich tat doch nur, wie Ihr mich geheißen." Sprach's und hob sich flugs von dannen.

So wandte er sich nun Leipzig zu. Der Fastnachtsabend nahte, und Till wußte, die Kürschner aßen auf ihrem Fastnachtsball gerne Wildbret. Da dachte er bei sich: „Den Lohn, den mir der Kürschner zu Berlin verweigerte, den sollen mir die Kürschner zu Leipzig zahlen!"

Dor Leipzchr Hase

Klaus Irmscher
2007

(Gedicht)

Nu, itz arzähl'ch eich was aus Leipzch
vom Kürschnr-Fastnachtsball.
Das war so dreiznhundrtdreißch,
nu, und da kam ämal
ä wandrndr Gesell gelatscht,
dar kam grad aus Barlin.
Sei Meestr hat'm nüscht bezahlt,
ar mußt noch vor ihm fliehn!

Da kam dar in än Jachdgewand,
vom Herbergswirt geliehn, und sprach:
„Vier Silbrgroschn will'ch
fr dänn Hasn hier in meinr Hand!"
Ä Kürschnr sprach: „Nur her drmit,
dar Hase, dar is billch!"

Off eenmal huppt dar Hase schnell
'n Boom noff, bläkt: „Miaauuu!"
„Ähhh!!! Änne Mieze im Hasnfell!
Nu, den schlach mr grien und blau,
dar uns de Mieze hat vrkooft!"
Doch kaum, dass dar vrschwand,
da war dar raus aus dr Jächrkluft,
kee Mensch hat'n mehr arkannt

Ihr fracht: „Nu, wer macht'n so ä Zeich,
dass mr'sch ni gloobm will?!"
Ähhh! Da fracht ihr euch?!
Nu - dr Eulnspiechl-Till!

Zwischen den Werken sei gesaget:

Eulenspiegel hielt es nie lange an einem Orte, besonders, wenn er dorten jemanden betrogen hatte. So trugen ihn seine Füße nach Lübeck, wo es ihn jedoch klüger dünkte, sich übler Bübereien zu enthalten, da der Lübsche Rat auch harmlose Taten gar barbarisch strafte. Doch ob nun die Drohung mit drakonischer Drangsal Till von abermaligem Schabernack abhalten konnte?

So leset hierzu die Worte des Gesanges nach der 55. Historie, welche Hermann Bote niederschrieb:

Zu Lübeck vor dem Galgen

Eulenspiegel weilte in Lübeck an der Trave,
trieb dort keine Streiche, denn das Lüb'sche Recht war hart.
Da hört' er von des Ratskellers Weinschenk - dieser sagte:
„Es schaffet nicht der Klügste, dass er mich betrügend narrt!"
Man sprach von ihm: „Er trägt die Nas' so hoch - es regnet rein."
Dacht' Till bei sich: „Was koste es - er muß gefoppet sein!"
Zum Ratskeller ging Till - zwei gleiche Kannen in der Hand,
die leere trug er offen, die voll Wasser im Gewand.

Der Weinschenk zapft den Wein - stellt ab die volle Kanne
und schaut an Till vorbei, den nächsten Kunden schon im Sinn.
Till verbirgt die Kanne voll Wein flugs im Gewande,
täuschend stellt er die voll Wasser auf die Zapfbank hin.
Till frug: „Was kost' der Wein?" „Zehn Pfennig zahlst du mir."
„Ei Schenk, ich hab nur sechs dabei, laß mir den Wein dafür!"
„So trolle dich von dannen!" sprach der Schenk
und goß das Naß,
das er für seinen Wein hielt, durch's Spundloch in das Faß.

„Was bist du für ein Tor!" so sprach zu Till der Weinschenk.
„Läßt den Wein dir zapfen und kannst ihn nicht bezahl'n!"
Sprach Till: „Ein Tor bist du, der schlau sich nur allein denkt,
vom Toren kann betrogen wer'n der Klügste von uns all'n!"
Den Wein bei sich verstecket, ging Till gleich aus der Tür.
Der Weinschenk dacht' kurz nach und rief:
„He Büttel! Schnell zu mir!"
Sie stellten Till und fanden die Kanne mit dem Wein
und schleppten ihn als Dieb wohl ins Gefängnis rein.
Und bald nach der Tat sprach ein Herr aus dem Rat:

„Eulenspiegel-Till, nun steht Er vor dem Lüb'schen Rat!
Wir urteil'n und wir strafen allhier an Gottes Statt!
Der eine saget: „Weindieb, er verdient den Galgen gleich!"
Der andre sagt: „Des Schenkes Hochmut forderte den Streich."

Ich sag: „Der Rat greif durch, dem Bürger Beispiel zu sein!
Ich wäg ein Strolchenleben geg'n des Rates guten Wein.
Wenn wir ihn lassen laufen, was der Bürger sich wohl denkt!
Das Urteil sprech ich: Eulenspiegel werde gehenkt!"

Am Tage der Vollstreckung führt man Till wohl vor die Stadt.
Sprach Till: „Die letzte Bitte, ich richt' sie an den Rat.
's ist nicht um Leib und Leben, nicht um Messen und Gedenken,
es kostet keinen Pfennig - so gewährt mir's vor dem Henken!"
Auf dies hin war der Rat zur Beratung eingekehrt:
„Wir wissen nun, was Till nicht will - die Bitte sei gewährt."
„Ihr Herren, gebt mir darauf mit Handschlag euer Wort!"
Sie taten es, und Till sprach seinen letzten Wunsch sofort:

„Ihr Herrn, wenn ich gehenkt bin,
soll'n drei Tag' lang jeden Morgen
der Henker und der Weinschenk
mir den letzten Dienst besorgen.
Der Henker und der Weinschenk soll'n,
ihr Herrn, ihr sollt es wissen
drei Tag' lang mich gar nüchtern
auf den toten Arsch wohl küssen."

„Uuuäääx!" die Herren spie'n aus, „nein, statthaft ist dies nicht!"
„Ja hält der Lüb'sche Rat nicht,
was mit Handschlag er verspricht?!"
Die Herren ging'n zu Rate, was der Bürger jetzt wohl denkt.
Sie sprachen: „Hier sei Gnade - Till wird nicht gehenkt!"

Till geht fort mit Schauern, den Hut schwenkt er zum Gruß
und setzt in Lübecks Mauern nie wieder einen Fuß.

Zwischen den Gesängen sei gesaget:

Eulenspiegel flüchtete von Lübeck gen Süden. Über Helmstedt, Erfurt und Dresden kam er ins heimatliche Braunschweig, wo ein Bäckermeister ihn in seine Dienste nahm. Der Meister nun war ein ungeduldiger, aufbrausender Mann, und auf Fragen zur Arbeit antwortete er in ungehalt'nem Tone. Bald ließ er Eulenspiegel mit der Arbeit allein und meinte nun, dieser büke ihm Semmeln und Wecken. Mich deucht, ihr wisset schon, was Eulenspiegel ihm buk …

Eulen und Meerkatzen

Eulenspiegel, nach Braunschweig reist er,
verdingt sich dort als Bäckergesell.
Nach zwei Tagen, da sagt der Meister:
„Eh ich mich des Nachts in die Backstube stell,
Till, back du heut nacht alleine!"
Till fragt: „Meister, was back ich denn dann?"
Der Meister brüllt: „Ich mach dir Beine!
Was bäckt wohl täglich der Bäckersmann?!!!

Eulen und Meerkatzen! Was hast denn du gedacht?!!"
Drauf begibt sich der Meister zu Bett.
Eul' und Meerkatz' bäckt Till die ganze Nacht,
bis er vom Teig nichts mehr übrig hätt.

Nächsten Morgen, der Meister klaget
und schimpft: „Was hast du gebacken, du Hund?!"
„Eulen und Meerkatzen, wie Ihr's gesaget!"
„Schweig still, Till, kein Mensch kauft mir ab diesen Schund!"
Der Meister greift Till wohl in die Haare:
„Zahl mir den Teig, du Hurensohn!"
Till bezahlt und packt die Ware
in einen Korb und macht sich davon.

„Eulen und Meerkatzen - frisch gebacken!"
So stellt sich Till am Markte hin:
„Eulen und Meerkatzen, laßt sie euch schmacken!"
Er verkauft alle mit sattem Gewinn.

Dies berichtet man bald dem Bäcker,
der rennet zum Markte mit wildem Gefauch':
„Wo ist Till?!" erdröhnt sein Gemecker.
„Das Brennholz für'n Backofen zahlt der mir auch!"
Doch Till war fort nach anderem Ort,
zu verfressen dort sein reichliches Geld.
Der Meister dampft, der Meister krampft
und stampft: „Wie ungerecht ist doch die Welt!"

„Eul' und Meerkatz'", denkt Till in sei'm Sinn,
„buk ich grad so, wie der Meister mich hieß.
Eul' und Meerkatz' verkauft mit Gewinn!
Weiß einer, warum mich der Meister verstieß???"

Zwischen den Gesängen sei gesaget:

Wohl, ihr Leut', so stellet euch einen Marktplatz vor. Und nun stellet euch Eulenspiegel auf diesem Marktplatze vor - im Herbste - in leichter Kleidung und mit leerem Geldbeutel. Mich deucht, ihr ahnet es: Betrug liegt in der Luft!

Das grüne Tuch

Letzte Strophe: 5. und 6. Zeile nur instrumental

Eulenspiegel ging in Uelzen über'n Markt, da fiel ihm ein,
zwischen Tuchen, Garnen, Filzen, bald würd wieder Winter sein.
Deucht' ihm, dass er's Geld verfress'n
und keins für Kleider angehäuft,
als ein Landmann reich bemessen
grünes Tuch aus London käuft.

Till frug nach dem Namen von dem
Dorf, aus dem der Landmann kam,
drauf er ein'n heruntergekomm'nen
Wanderpred'ger mit sich nahm.
Nahm sich noch ein' losen Gesellen,
nahm beide mit - den Weg hinaus,
den der Bauer würde wählen, breitete sein'n Plan dort aus.

Ging'n sie stadtwärts in nicht allzu
langem Abstand, listig - schlau,
als der Bauer kam gegangen,
Till sprach: „Schönes Tuch, so blau!"
„All'ns dumm Tüch, dat Tuch is gröön!"
„Ich wett zwölf Gulden gegen den Ball'n!
Der nächste Wand'rer soll's besehn,
dann wird die Entscheidung fall'n."

Kam der lose G'sell' gepirschet,
„Ei welch Tuch!" rief er sodann.
„Welch ein Blau!" Der Bauer knirschet:
„Näi, ji twee, ji schitt mi an!"
Till sprach: „Jener Pfaff, mein Bester,
der des Weg's kommt, sag's uns g'rad."
„Dat is good. Wenn dor een Preester
wat to seggt, denn glööv ik dat!"

Sprach der Pred'ger: „Dummes Fragen!
Jeder sieht die Farb genau!"
„Pfaff, tut's uns zur G'wißheit sagen!"
„Leut, schaut selbst: Dies Tuch ist blau!"
„Seht", sprach Till, „so ist es recht,
dass dies Tuch nun mein sein soll."
„Tscha, wenn dat een Preester seggt,
tscha, denn glööv ik dat ook woll."

Till und Gesellen ließen schneidern,
kleideten sich bestens ein.
Bauer in zerschlissenen Kleidern,
seine Frau tat Zeter schrei'n.
Bauer in zerschlissenen Kleidern,
seine Frau tat Zeter schrei'n.

Zwischen den Gesängen sei gesaget:

Mit Lug und Trug schlug sich Till durch die Lande, immer auf der Hut vor der Wut der Betrogenen. Doch nicht selten war er selbst der Geprellte. Ihr könnt es euch denken: Seine Vergeltung kam schnell.

Schauen wir nun auf die edle Zunft der Herbergswirte - damals wie heute ein Hort von Großherzigkeit und Weitblick. So weilte nun Eulenspiegel bei einem Wirte zu Köln, welcher eine ganz besonders schlaue Idee hatte, sein Geschäft zu beleben.

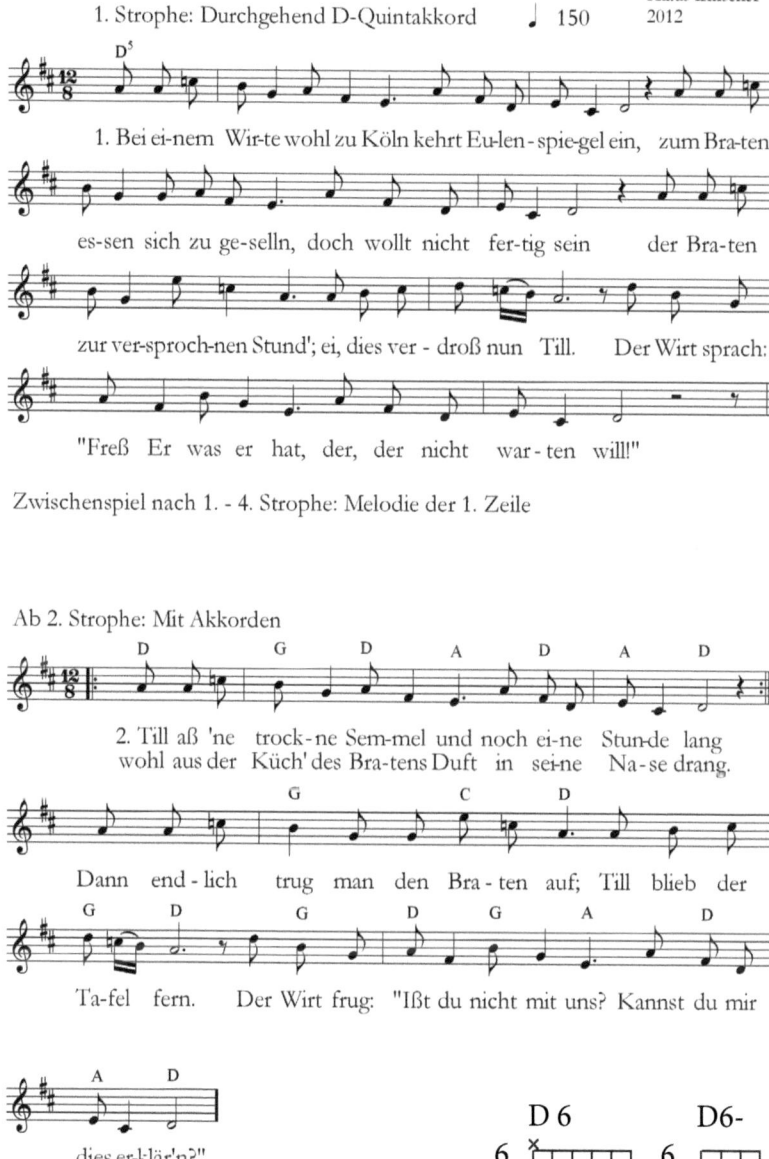

Bei einem Wirte wohl zu Köln kehrt' Eulenspiegel ein
zum Bratenessen sich zu gesell'n - doch tät nicht fertig sein
der Braten zur versproch'nen Stund, ei dies verdroß nun Till.
Der Wirt sprach: „Freß er, was er hat, der, der nicht warten will!"

Till aß ne trock'ne Semmel, und noch eine Stunde lang
wohl aus der Küch' des Bratens Duft in seine Nase drang.
Dann endlich trug man den Braten auf
- Till blieb der Tafel fern.
Der Wirt frug: „Ißt du nicht mit uns?
Kannst du mir dies erklär'n?"

Spricht Till: „Der Hunger mir verging; bin satt vom Bratenduft!"
Die Gäste speisen nun mit dem Wirt, bis der zum Zahlen ruft:
„Du wurdest satt von des Bratens Duft
- ei Till, so mußt du zahl'n!"
Till zückt die Münze und läßt sie laut
wohl auf den Tisch drauf fall'n.

„Ei Wirt, hörst du des Geldes Klang? Ei, dieser nützt dir auch
so viel wie mir des Bratens Duft in meinem leeren Bauch."
Der Wirt sprach: „Till, du mußt bezahl'n
- dein Reden rührt mich nicht!"
Till sprach: „Ei Wirt, nun, diesen Streit
entscheide das Gericht."

Der Wirt darauf nun zornig zischt: „So pack dein Zeug und geh!
Und komm nie mehr an diesem Ort in meines Bratens Näh'!"
Till zieht nun seines Weges, und er singt die Straß' entlang:
„Speist mich des Essens Duft, so zahl ich mit des Geldes Klang!

Welch schlauer Wirt, der danach tracht',
dass ihm aus Luft werd' Geld,
doch bleibt am End' ihm nur ein Krach, wenn's Geld
herunterfällt."

Zwischen den Gesängen sei gesaget:

Auch bei einem Wirte zu Hannover - einem Wirte aus rechtem Holze geschnitzet - kehrte Eulenspiegel ein.
Und dorten:
Der Wirt wohl nach den Gelde stieret
Nach großem Auftrag hastig gieret
Doch wie es um den Kunden steht
Um dessen geldlich Bonität
Das merkt er manchmal erst recht spät ...

Zwölf Blinde zu Hannover

Zum Ablauf

Strophen mit Melodie A: 1, 2, 3, 5, 6, 8
Strophen mit Melodie B: 4, 7

Strophe 7: Verkürzte B-Strophe, Zeilen 8 und 9 fallen weg. Die letzte Zeile der Strophe 7 hat die Melodie der letzten Zeile von Strophe 4.

Letzte Strophe: Verkürzte A-Strophe: Zeile 1 - 4: Wie in den anderen A-Strophen, Zeile 5 und 6: Wie die beiden letzten Zeilen der anderen A-Strophen.

Zwischenspiel 1: Nicht nach Strophe 3 und 6. Auf dem jeweils letzten Ton von Strophe 3 und 6 Wechsel zum Rhythmus der B-Strophen.

Eulenspiegel wohnte im Krug „Zum Schwarzen Geier"
in Hannover einen Monat fast.
Die Herberg war gut, jedoch ein wenig teuer,
die Wirtin sprach: „Mein lieber Gast,
mistest du den Schweinestall uns aus,
wohnst drei Tage frei du im Haus."
Am Abreisetag wollt' der Wirt den vollen Preis,
sprach Till: „Wie?! Dass Er von Nachlaß nichts weiß?!"
Der Wirt sprach: „Till, so red dich nicht in Wut,
ein'n Tag schreib ich dir gut!"

Eulenspiegel ritt vor Hannovers Toren,
zwölf Blinde kreuzten seinen Weg.
„Ihr armen, ach, wie seid ihr doch verfroren,
zwölf Gulden ich in eure Hände leg.
Kehrt ein im Schwarzen Geier-Krug,
nehmt Herberg' dort, 's ist Geld genug."
Die Blinden sprachen: „Dank, oh edler Mann!"
Doch keiner wußt', wer nahm das Geld wohl an.
Der eine dacht', dass es der and're hatt,
so ging'n sie in die Stadt.

„Ein edler Herr hat zwölf Gulden uns gespendet,
Herr Wirt, so richt er uns Tisch und Bett!"
Der hörte den hohen Betrag und war geblendet
und frug nicht, wer das Geld wohl hätt.
Kam der Tag, da der Wirt abrechnen wöllt,
doch keiner der Blinden hatte das Geld.
Sie seufzten laut in ihrer Not,
des Wirtes Kopf wurd' dunkelrot.
Er sperrt die Blinden mit lautem Schrei'n
im Schweinestalle ein.

Dacht' Till, es ist soweit, dass er sich um die Blinden kehret,
nach dieser Zeit - zwölf Gulden sind verzehret.
Till nach Hannover zum Schwarzen Geier reitet,
bringt sein Pferd in den Hof - er hatte sich verkleidet,
da sieht er im Saustall die Blinden.
Till sprach zum Wirt: „Was sollen solche Qualen?!"
Der Wirt unbeirrt - sprach: „Die wollen nicht bezahlen!"
Sprach Till: „Wenn ein sichrer Bürger für sie Bürge sei?"
„Dann ließe ich", sprach der Wirt, „die Blinden frei."
„Den Bürgen", sprach Till, „werd ich finden."

Till ging zum Pfarrer, sprach: „Helfet meinem Wirte!
Ein böser Geist hat sich ihm einverleibt!"
„Gern", sprach der Pfaff, „doch der Geist, der verirrte
braucht drei Tag' eh's ihn von dannen treibt."
Till holt die Wirtin herbei sodann.
Der Pfarrer sprach: „Ich helfe Eurem Mann
So laßt mir noch drei Tage Zeit."
Die Wirtin lief heim und berichtet's voller Freud'.
Der Wirt ließ die Blinden frei, und Till
verschwand gar leis und still.

Am dritten Tage ging die Wirtin zum Pfaffen,
verlangte das Geld für der Blinden Verzehr.
Der Pfaff sprach: „Man sagte mir, dass Euer Gatte
vom bösen Geist besessen wär.
Böse Geister pflegen nach Geld stets zu schrei'n,
holt Euren Mann, ich werd ihn davon befrei'n."
„Mein Mann und böser Geist, wirst sehn, was das heißt!"
Sie lief zum Manne, den's vom Stuhle reißt.
Mit Hellebarde und Wutgeschrei
rannt' der wohl zur Pfarrei.

„Ihr Nachbarn, so leistet Hilfe, mich zu schützen,
ein böser Geist tut in dem Wirte sitzen!"
Sie hielten ihn fest, der Wirt musst' es erdulden,
schrie: „Zeter und Pest! Ich will meine zwölf Gulden!!"
Bekreuzigen tät sich der Pfaffe.
„Hört ihr, ihr Leut den bösen Geist wohl schreien!
Wirt, ich wollt heut vom Dämon dich befreien!"
Der Wirt rief: „So leck mich, du Affe!"

Solang' der Wirt noch lebte, verlangte
er die zwölf Gulden vom Kirchenmann.
Sooft der Wirt den Pfarrer bezankte,
bot der den bösen Geist zu vertreiben an.
Eulenspiegel - an des Streit's Beginn
war keinem mehr im Sinn.

Zwischen den Gesängen sei gesaget:

Wohl, ihr Leut', das nächste Lied erzählet, was Eulenspiegel in Nürnberg tat, im reifen Mannesalter - wobei „reif" wohl nur die Zahl seiner Jahre war ...

Der Rat der Stadt wollte an den Kranken im neuen Spitale sparen. Solches kam Eulenspiegel zu Ohren, und er diente sich dem Spitalmeister an.

Böte er heute - in unserer Zeit - seine Dienste feil, so täte er's wohl unter dem Namen „Owl-Mirror-City-Insulting GmbH & Co. KG".

Die Nürnberger Heilung

B-Dorisch (Capo 3. Bund - G-Dorisch) ♩120 Text und Musik: Klaus Irmscher 2007

Vorspiel und Zwischenspiel nach 1., 2. und 4. Strophe:

1. Zu Nürn-berg im neu-en Spi-ta-le wurd kaum ein Kran-ker ge-sund. Der Nürn-ber-ger Rat sprach, er zah-le nicht gern in ein Faß oh-ne Grund. Da stand's an den Kir-chen-tü-ren: "Wohl dem, der Ge-bre-chen hat. Der Meis-ter-arzt wird euch ku-rie-ren. Till Eul'n-spie-gel ist in der Stadt."

4. Am Tag, den er wähl-te zum Hei-len rief Till in der Tür des Spi-tals: "Wer nicht krank ist, mö-ge sich ei-len. Der Kränk-ste, er wagt sei-nen kran-ken und lah-men Bei-nen, so lie-fen sie al-le da-von. "Alll-mächt! Des hat g'wirkt, tät i mei-nen!" Der Spi-

Zu Nürnberg im neuen Spitale
Wurd kaum ein Kranker gesund
Der Nürnberger Rat sprach, er zahle
Nicht gern in ein Faß ohne Grund
Da stand's an den Kirchentüren:
„Wohl dem, der Gebrechen hat
Der Meisterarzt wird euch kurieren
Till Eul'nspiegel ist in der Stadt"

Der Spitalmeister kam wohl gegangen
Sprach: „Eull'nspiechll, hellf ma doch blloß
Die fress'n mich kahll, meine Grangn
I wär gä'nn a baar davon llos"
„Die Krankheit braucht keiner mehr dulden"
Versprach Till dem Siechenhaus-Herrn
„Was willlst dofier?   Zwaahunnät Gullden?
Ja freili, die zahll i dir gä'nn!"

Till ging ins Spital und befragte
Ein' jeden der Kranken für sich
„'s Geheimnis der Heilung verrate
ich", sprach er, „behalt es für dich!
Den Kränksten von euch werd ich verbrennen
Die Reste zu Pulver zermahl'n
Und daraus den Heiltrank gewinnen
Der helfet gewißlich euch all'n"

84

Am Tag, den er wählte zum Heilen
Rief Till in der Tür des Spitals:
„Wer nicht krank ist, möge sich eilen
Der letzte, er wagt seinen Hals!"
Auf kranken und lahmen Beinen
So liefen sie alle davon
„Alllmächt! Des hat g'wirkt, tät i meinen!"
Der Spitalmeister zahlt Till den Lohn

Till tät dem Spitalmeister danken
Er müßt auf die Reis' und zwar weit
Nach drei Tagen kamen die Kranken
Zurück und beklagten ihr Leid
„Ja, hat eich der ned g'heillt mit sei'm Wissn?!"
Sie schilderten ihm Tillens Plan
„Kreizdeifll! Dä Kä'll hat mi b'schissn!
Die Graft dä Väzweifllung - die hillft ned allaan!"

Zwischen den Gesängen sei gesaget:

Ein letztes Mal ging Till auf die Reise, und diese endete in dem Städtchen Mölln im Herzogtume Lauenburg - dem Orte, aus dem auch ich komme. Todkrank begab sich Eulenspiegel ins Spital zum Heiligen Geiste - dorten, wo der Blick nach Westen über den Möllner See schweifet. Nun ward es wahrlich Zeit, dass Eulenspiegel sich um sein geistlich Wohl sorgte.

Jedoch -
Ihr Pfaffen - steh der Herr euch bei
Das Heil der Seel'n, die euch obliegen
Nicht handelbare Ware sei!
Ihr könntet schmutz'ge Finger kriegen ...

Der letzte Handel

In Mölln, wohin er als letztes reiste,
ward Eulenspiegel sterbenskrank.
Er lag im Spital „Zum Heil'gen Geiste,"
ein Pfaff zu ihm kam - dem Herrn sei Dank.
Und nach der Beicht'
wurd' es ihm leicht.

Der Pfaffe sprach: „Till, nur das eine:
Ein abenteuerliches Leben,
das führtest du wohl allerweil.
So mögest du der Kirche geben
dein Geld wohl für dein Seelenheil,
und vorher für mich
ein Scherflein, und ich
bet' deine Seele ins Reine!"

„Ich spend' gern dir, dem Kirchenmanne,
komm wieder, wenn's vier Uhr schlagen soll."
Der Pfaff ging fort, Till nahm eine Kanne
und füllte sie halb mit Scheißdreck voll,
legt' Geld auf den Schiet,
dass niemand den sieht,
der Pfaff kam zurück an die Stätte.
Sprach Till: „Diese Kanne ist voll Geldes,
was obenauf liegt, das sei dein.
Das drunter - nach meinem Tode zählt es."
Dem Pfaff wollt erhaben zumute sein,
er griff ganz tief,
„pfui Teufel!!!" rief.
„Du narrst mich vom Sterbebette!"

Der Pfaff sprach: „Till, du Schalk der Schälke,
in Lübeck kamst du vom Galgen weg.
Und nun, da dein Lebensfaden welket,
da äffst du mich mit Menschendreck!"
Till sprach: „Wofür
zürnest du mir?
Sagt' ich nicht, wie ich's verteilte?
Wo ist mein warnend Wort geblieben?
Ich sprach: Greif nur ganz flach hinein!
Hätt dich die Gier nicht angetrieben,
so wären deine Händ' noch rein!

So nimm doch dein Geld,
's ist abgezählt!"
Der Pfaff ließ es lieg'n und enteilte.

Dacht' Till: „Dass ich in des Himmels Licht
nach meinem Tod gerate,
Viel Geld für'n Pfaffen helfet nicht,
es hilft nur des Himmels Gnade."

Zwischen den Gesängen sei gesaget:

Fünfzig Jahre war Eulenspiegel alt, und nun ging er auf sein Ende zu. Er gedachte, der Stadt Mölln etwas zu hinterlassen, auf dass man alldorten lange seiner gedenke. Mich deucht, dies ist ihm gelungen.

Der Stein-Reiche

A-Moll (Capo 2. Bund - G-Moll)
Vorspiel, Strophen 1 - 3 und 5 - 7: ♩ 76

Text und Musik:
Klaus Irmscher 2007

1. Mit Eu-len-spie-gel ging's zu End', da-rob er sich be-ei-let, er setz-te auf sein Tes-ta-ment, auf daß sein Gut ver-tei-let den Freun-den und dem Möll-ner Rat und auch dem Kirch-herrn wer-de, und er be-stimm-te, man be-statt' ihn in ge-weih-ter Er-

Zwischenspiel nach Strophen 1- 4 und 6: ♩ 60

de. Strophe 4 schneller: ♩ 85

4. Der Pfar-rer schumpf: "Dies tat der Rat, der die Tru-he be-wach-te mit Waf-fen!" Der Rat nun zieh die Freun-de der Tat, und die sag-ten: "'s wa-ren die Pfaf-fen!" Man sprach: "Holt ihn vom Grab he-rauf!" doch nun-mehr nach vier Wo-chen, da

Mit Eulenspiegel ging's zu End,
darob er sich beeilet.
Er setzte auf sein Testament,
auf dass sein Gut verteilet
den Freunden und dem Möllner Rat
und auch dem Kirchherrn werde,
und er bestimmte: Man bestatt'
ihn in geweihter Erde.

Till schrieb ins Testament darauf:
„Lest Messen, spendet Segen,
und nach vier Wochen schließet auf
die Truhe mit mein'm Vermögen."
Und Till verschied nach kurzer Weil',
und am Kirchhof drei Tag' später,
da riß am Grab des Sarges Seil,
im Grabe aufrecht steht er.

Man sprach, als man vom Kirchhof schlich,
zum Biere und zum Brote:
„Er war im Leben wunderlich,
so bleibt er's auch im Tode."
Man öffnete der Truhe Schloß
genau vier Wochen später
und fand darinnen Steine bloß,
hub an ein groß' Gezeter.

Der Pfarrer schumpf: „Dies tat der Rat,
der die Truhe bewachte mit Waffen!"
Der Rat nun zieh die Freunde der Tat,
und die sagten: „'s waren die Pfaffen!"
Man sprach: „Holt ihn vom Grab herauf!"
Doch nunmehr nach vier Wochen,
da gab man schnell das Graben auf,
zu schlecht hat er gerochen.

Und als man damit einhielt, dass
man Tillens Taten geißelt,
setzt' man den Grabstein ihm fürbaß,
darauf steht eingemeißelt:

„Anno dörteinhunnertunfófftich is düsse steen upgehaven
Till Ulenspegel liggt hier under begraven
market woll und denket dran
wat ik gwest si op erden
all de hier vorövergahn
moten mi glieck werden"

Till Eulenspiegel's Grabesstein,
der hat nun überdauert,
in die Wand von Sankt Nikolai'n,
da ist er eingemauert.

Viel tausend Menschen sind am Grabstein Jahr für Jahr zugegen.
Ein Möllner Bürger schmunzelt knapp
und kichert: „Veel Vergnögen!

Ulenspegels mutt dat geven,
sonst ward de Gierlappen
und de ooln Schmierlappen
to övermötig in eern Kopp.
Aver op dien eegen Leben
paß man ook 'n bet'n op!"

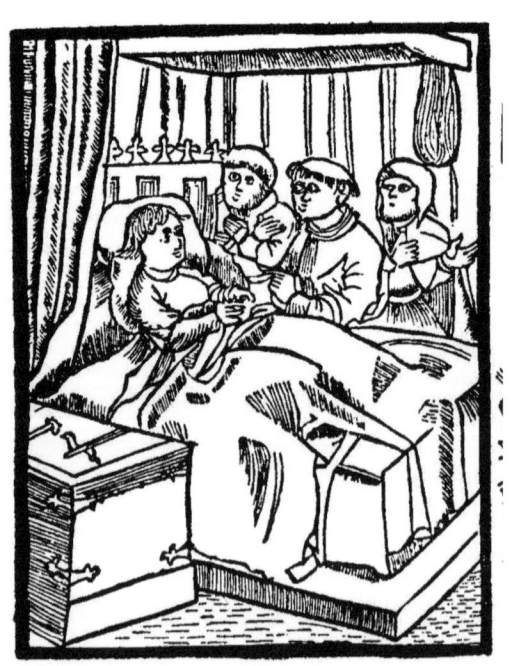

Nachgesang

Text und Musik:
Klaus Irmscher
2007

(Melodie wie „Der dreifach Getaufte")

Wohl, nun schließet sich der Bogen
des von Kneitlingen nach Mölln
rastlos durch das Land Gezogenen,
endlos mag man sich's erzähln.
Doch reiche Kaufleut, Bürgermeister
alter Zeiten - wer kennt heute solch
Möllner G'schichte wicht'ge Geister?
Man kennt nur den argen Strolch.

Till Eulenspiegel heißt er,
und manch ein wack'rer Meister,
gewiß nicht sehr begeistert,
gedachte lange sein.
Till Eulenspiegel hieß er,
und manch ein milder Priester
bekreuzigt sich, dann gießt er
sich auf Till nen Meßwein ein.

Eulenspiegel gibt's auch heute,
sprichst du kurvig, nehm'n sie dich beim Wort.
Gier und Geizes stinkig Beute
nehm'n sie irgendwann dir fort.
Wohl, nun laß dein Wutgeheule,
schau in'n Spiegel und sieh dich,
und der Weisheit weise Eule
führt dich auf die eig'nen Schlich'.

Wohl, ich könnte noch viel länger
brüten der Gedanken Keim,
doch nun schweiget hier der Sänger,
macht euch euren eig'nen Reim.

Teil Zwei

Till Eulenspiegel starb vor sechshundertfünfundsechzig Jahren. Vor fünfhundert Jahren schrieb Hermann Bote Tills Geschichte auf. Doch war dies schon alles? Je nun ...

Eulenspiegels Wiederkehr

So höret nun, was Eulenspiegel fürderhin erlebte,
als im Jahr zweitausend er als Geist im Jenseits schwebte.
Sein Coaching-Engel sprach zu ihm: „Tilloysius, mein Sohn,
auf Erden wartet deiner eine neuerlich' Mission.

Verübtest in dein'm früh'ren Dasein lauter üble Streiche!
So büß' nun dieses ab - und tue nocheinmal das Gleiche!"
Tilloysius stöhnt: „Oh Heiliger, muß ich da wirklich dorch?!"
Der Engel sprach mit Brenneblick: „Tilloysius, gehorch!

Den Menschen halt' den Spiegel vor für's Geizen und für's Gieren,
auf dass sie in des Lebens Dunst den Weg nicht ganz verlieren!"
Auf ausgelieh'nen Flügeln schwang sich Till herab zur Erd',
auf dass er nach Jahrhunderten hier wieder tätig werd'.

Er landete in Mölln am Markt - des Morgens um halb achte.
Dort kannt' man ihn so gut, dass er sich gleich von dannen machte,
bestieg den Bus nach Hamburg, dass ihn niemand mehr bemerk',
studierte flugs das Leben dort - und nun - ja nun ans Werk!

Zwischen den Gesängen sei gesaget:

Freuet euch, ihr Leut, Eulenspiegel ist wieder unter euch, heut im Jahr des Herrn zweitausendundsechzehn. Und seid getrost, Eulenspiegel foppet ganz gewiß nicht euch, sondern nur die anderen, jene, getrieben von Geiz, Gier und Sucht.

Till fand sich nun langsam ins Leben in der neuen Zeit hinein. Er lernte, was die Menschen umtreibet, und er lernte manch Ding kennen, von welchem man sich in der neuen Zeit ernähret ...

Mc Owlmirror Fishburger

Schlußakkord bei Strophe 1 und 3: "F schräg", bei Strophe 2: E5,
letzte Strophe: "F schräg" und "B schräg". Siehe Grifftabelle unter E 5.

Till schaffte bei ein'm Meister und vermied gar jeden Streit,
studierte noch das Leben wohl in der neuen Zeit.
Der Arbeitstag war lang - es knurrte Eulenspiegels Magen.
„Komm mit hier zu Mc Wooper" tät ein Jung-Kollege sagen.
Eulenspiegel dachte an Gebrat'nes und Gesott'nes,
doch ob des Lokals Geruch, da schwant' ihm die Verrottnis.
„Big Wooper - das schmeckt geil!" tät der Kollege sich verbürgen,
Eulenspiegel aß, und bald drauf plagte ihn das Würgen.

Till schaffte es noch zum Abtritt, und er spie und spie ins Becken.
„Du Hundsfott mit dein'm Rat! Mich deucht, ich müßt verrecken!"
So dacht er, als vom Klo zurück, er den Kollegen schaute,
der cool auf seinem Stuhle seinen zweiten Wooper kaute.
Und Eulenspiegel sprach: „Hier will die Speis' mir nicht gefallen!
So laß uns nächstes Mal zu einem andern Wirtshaus wallen!"
Der Jung-Kollege sprach: „Komm Alter, laß mal dein Gemecker,
nimm nächstes Mal den Fishburger - echt, der is voll lecker!"

Rumoren tat es Till am nächsten Tag nicht nur im Magen,
er nahm sich von der Arbeit frei - beschafft' sich in drei Tagen
Krabbenschalen, Fischköpfe, Friteusenfett und dann
Eiweißpellets, die man aus des Klärwerk's Schlamm gewann,
um Zucker, Salz, Geschmacksverstärker, Farbstoff beizumischen,
um's dem fastfoodfressenden Kollegen aufzutischen,
zermahlt', verquirlt', verkocht' es noch mit Fisches Innereien.
„Du Ochs mit einem Hundsgeschmack! Dich lehre ich das Speien!"

Till kaufte am nächsten Tag ein schlaffes Brötchen bei Mc Wooper,
da hinein sein fischig-fettig Fastfood-Machwerk schub er.
Er kam zur Arbeit, sprach: „Gesell, ich bring dir von der Reis'
Mc Owlmirror-Fishburger mit - so koste nun die Speis'!"
Der biß hinein und aß und sprach: „Echt lecker! Volles Lob!"
Worauf es Eulenspiegel abermals den Magen hob.
Er saß gebeugten Rückens da, als stille er sich dacht:
„Der Geier hol es, irgendetwas hab ich falsch gemacht!

Mc Owlmirror-Fishburger - gar trefflich war's erdacht,
der Geier hol es, irgendetwas hab ich falsch gemacht!"

Zwischen den Gesängen sei gesaget:
Wohl, ihr Leut, auch zu Eulenspiegels Zeit schon gab es Straßenkarten. Doch nur wenige vermochten sie zu lesen. Heut in eurer Zeit freilich vermag dies ein jeder. Tills Meister nun handelte mit einem Geräte, von welchem viele glauben, es mache das Lesen einer Karte überflüssig.

Nun pflegte Till des Abends in einem Wirtshause einzukehren, in welchem er immer wieder mit einem lustigen Weibe beieinandersaß. Und obzwar er mit Frauen wenig im Sinn hatte, so gefiel ihm doch das Plaudern mit ihr. Gern goß sie ihren Spott über die Torheiten der Zeitgenossen aus. Und gern stand sie Eulenspiegel mit Rat und Tat bei seinem Treiben zur Seite. Wohl, ihr Leut, so leset nun, was Till mit ihrer Hilfe trieb.

Des Hupers Navi

wahrt er ein'n, der schä-big aus dem Au-to-fen-ster lacht.

Till schaffte bei ein'm Meister, welcher Navis programmierte,
dass mit bemess'nem Umweg der Kunde kutschierte.
Einmal - Till fuhr vom Tagwerk heim - er fuhr durch enge Straßen,
da parkt' vor ihm ein Wagen ein - Till wartete gelassen.
Da hupte hinter ihm ein Mann und hub gleich an zu zetern:
„Warum komm ich hier nicht voran?! Ich werde mich verspäten!"
Er fuhr bis an die Stoßstang auf und hupte abermals.
Der Wag'n vor Till rangierte noch, und Till, dem schwoll der Hals.

Till merkte sich das Nummernschild, gleich, wie sie weiterfuhren.
„Dich schicke ich, du Hundsfott, auf des schnellen Fahrens Spuren!"
Beschafft sich die Adresse, und durch dunkele Kanäle
wußt Eulenspiegel auch alsbald des Hupers Arbeitsstelle.
Till programmierte nun ein Navi emsig auf sein Ziel hin,
verdingte in sei'm Stammlokal die liebste Saufgespielin,
im Tonstudio Fahranweisungen auf Band zu bannen,
die, in ein Navi eingespeist, gar mächtig Macht gewannen.

Till dingte einen Taschendieb, den Huper abzupassen,
um just vor dessen Arbeitsstell' sein Schlüsselbund zu fassen.
Till tauschte nun die Navis aus wohl in des Hupers Auto.
Der Taschendieb zum Feierab'nd, g'rad wie er es geklaut, so
schiebt er das Schlüsselbund zurück wohl in des Hupers Tasche.
Der startet gleich sein Auto - Richtung heimische Garage.
Von Lurup hin nach Hamburg-Langenhorn er heimwärts eilt,
er fährt auf die A Sieben, die die Stadt allda zerteilt.

Er kommt zur Abfahrt Schnelsen-Nord - das Navi springet an:
„Ein Stau auf dem Ring Drei - so bleib Er auf der Autobahn!
Er bleib auf der A Sieben, bis der nächste Hinweis kommt!"
Nach achtzig Kilometern, da bei Rendsburg kommt der prompt:
„So fahr Er Richtung Friedrichstadt die B zweihundertzwei!"

Und dorten heißt es: „Richtung Husum deine Richtung sei!
Nun fahr Er Tempo hundertzehn!" Dem Navi wird geglaubt,
da zischt ein roter Blitz - es waren sechzige erlaubt!

So kam er bald nach Langenhorn - 'nem Flecken in Nordfriesland,
weit weg von Langenhorn in Hamburg, was er wahrlich fies fand.
Das Navi sprach nun: „Eulenspiegel spricht, du Eil-Gesell!
Ich gab dir, was du laut begehrtest: Straßen frei und schnell!
Hier aus nordfriesisch Landen suche nun den Weg nach Haus!
Die Navi-Programmierung löscht sich jetzt von selber aus!"
So kam er heim nach Mitternacht - das Navi, es blieb stumm.
Sein Weib emfing ihn zürnend:
„Mann, wo treibst denn du dich rum?!"

Der Brief der Polizei, der war nun auch alsbald zur Stell:
„Sie fuhren neulich mehr als vierzig km/h zu schnell!
Das kostet Sie den Führerschein - wohl dieses für vier Wochen!"
Dem hat der hupend Autofahrer schriftlich widersprochen:
„Mein Navi war's - Till Eulenspiegel legte mich herein!"
Drauf lud man ihn zur medizinisch-psychisch Prüfung ein.
Als er danach zu Fuß sich auf den Weg zur Arbeit macht,
gewahrt er ein'n, der schäbig aus dem Autofenster lacht.

Zwischen den Gesängen sei gesaget:

Also trieb es Eulenspiegel, da er in Diensten des Navi-Meisters stand. Bald jedoch sprach er zu sich: „Welch einen Streich soll ich mir noch erdenken, wenn des Meisters Kunden sich die trefflichsten Streiche gar selber spielen?!" Ihr Leut, ihr kennet die Geschichte vom Fahrer, der seinen Wagen in den Fluß tauchte, weil er seinem Navi mehr glaubte als seinen Augen. Und noch manch eine Navigationshistorie könnt' ich euch erzählen - doch lassen wir's dabei bewenden.

Eulenspiegel gab dem Navi-Meister den Abschied und strebte Höherem zu. Er begab sich nach Lübeck-Blankensee, allwo fliegende Fuhrwerke sich in die Lüfte erheben. Der Herr dieser Fuhrwerke im fernen Irland ersann beständig Neues, wie seine Flug-Fuhrwerke noch billiger flögen. Solches rief nun Eulenspiegel auf den Plan.

Bullshit in the air

Text und Musik:
Klaus Irmscher
2010

ten-tion, Cap-tain Till sagt an: A - larm und S O S! Wir sin-ken und es stot-tern die Mo - to - re!" Man ban-get, doch bald ruft die öl-ver-schmier-te Stew-ar-dess: "Pro-blem ge-löst, nun sin-gen wir im Cho - re: There's Bull - shit in the air Bull - shit in the air, me whack-fol-did-de-ly too - ra - lay, there's Bull-shit in the air.

Zwischenspiel nach den Refrains der 3. - 5. Strophe:

4. Man ...

Schluß: Refrain 1x "altdeutsch", 2x englisch

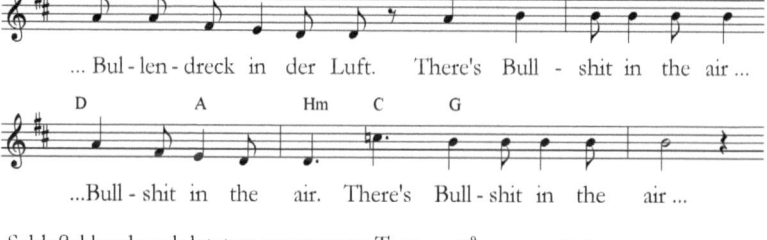

... Bul-len-dreck in der Luft. There's Bull - shit in the air ...
...Bull - shit in the air. There's Bull - shit in the air ...

Schlußakkord nach letztem gesungenen Ton: D^{9-} D 9-

109

Eulenspiegel fuhr einmal nach Lübeck-Blankensee,
mit Mc Guire Air nach Dublin sich zu schwingen,
dass er dort sofort zu Mister Sean Mc Guire geh,
als Manager bei ihm sich zu verdingen.
"Hi Till, I tell you, du bist doch 'n kreativer Crack,
paar supersmarte Sparideen will ich,
wie Klogebühren, Stehplätze, der Copilot fällt weg.
Our Slogan heißt: Mc Guire Air is billig!"

So ging nun Till ans Werk, den Flug von Lübeck-Blankensee
nach Dublin trefflich sparsam zu gestalten.
Bald stand der neue Flug, der nur zwei Euro kostete,
die Kunden eilten hin, ganz ohne Halten.
„Willkommen hier an Bord, Ihr Captain Till fliegt ohne Stress,
wir werden gleich auf vollem Reisespeed sein."
Die Crew bestand aus Till und einer einz'gen Stewardess,
und aus den Boxen sirrt ein irisch Liedlein:

There's bullshit in the air,   **Refrain**
bullshit in the air,
me whack-fol-diddely-tooralay,
there's bullshit in the air.

„Attention, Captain Till sagt an: Alarm und SOS!
Wir sinken, und es stottern die Motore!"
Man banget, doch bald ruft die ölverschmierte Stewardess:
„Problem gelöst - nun singen wir im Chore:"

Man blickte aus dem Fenster nach dem Beinahe-Malheur,
man schwebte unterm Himmelszelt, dem blauen,
doch die Fenster waren Videoschirme, und statt Land und Meer
gab's zur Strecke passend Google Earth zu schauen.
"We're landing now in Dublin, Paddy's good old Ireland,
tun Sie sich nicht am kleinen Flugplatz stören."
Dort spielte zur Begrüßung eine Irish Folkig Band,
und wieder gab's das fröhlich Lied zu hören:

In Lübeck-Blankensee war'n sie, die Crew, die war gefloh'n,
der Flieger hatte gar nicht abgehoben.
Sie riefen Herrn Mc Guire an wohl auf dem Telefon
und huben nun gar schröcklich an zu toben.
Der sagte: "Oh I'm sorry - well - shit happens, I agree.
Wir fliegen Sie umsonst nach Dublin City.
We're sending you zum Trost noch eine Irishe CD,
darauf is eine Song, that sounds so pretty:"

Mc Guire sein Gefolge rief: „Well Folks, für Halloween,
da brauch ich noch'n Gag, 'n richtig guten,
und Till hat Irish humour mixed mit deutsche Disziplin.
By Jazes! Holt mir her den Bagaluten!"
Doch Till war unauffindlich; er bebrütete im Krug
am Drüsensee bei Mölln die nächste Reise:
„Ei wem verkauf für echt ich einen Google-Weltraumflug?!"
Und sang das irisch Lied auf seine Weise:

„'s ist Bullendreck in der Luft
Bullendreck in der Luft
Und ei, tanderadei !Uhhh!
Bullendreck in der Luft"

There's bullshit in the air,
bullshit in the air,
me whack-fol-diddely-tooralay,
there's bullshit in the air.

Zwischen den Gesängen sei gesaget:
Mich deucht, ihr ahnet es bereits: Die Stewardess war keine andere als Eulenspiegels Gespielin. Und nach diesem Streiche, da fuhren sie zur letzten Wirkungsstätte seines früheren Daseins, in das Städtchen Mölln. Eine Stunde östlich von Hamburg lieget es - und alldorten huldiget man Eulenspiegel!

Wohlan, ihr Leut, so leset nun die Historie, die von Eulenspiegel und seiner Gespielin erzählet ...

Die Gespielin

Abgang am Schluß - siehe Grifftabelle unter E 5.

Till hatte eine Gespielin, die im Wirtshaus er traf,
sie plauschten und scherzten und herzten sich brav,
und bald erzählte Till ihr von manch einem Streich,
auch von Streichen, der er noch plante - sie beriet ihn sogleich.
Eines Sonntags, da fuhr'n sie nach Mölln an die Seen,
spazierenzugehen - das Wetter war schön.
Des Abends zu Hamburg wohl vor ihrer Tür
sprach sie: „Komm doch noch mit auf ein Gläschen zu mir!"
Auf ein Gläschen zu ihr - bald waren es vier.

Sie plauschten und scherzten und herzten sich bald,
sie küßten und kosten und machten nicht halt.
Till sprach: „Ei, ich mag und begehr dich so sehr,
doch fest mich zu verbinden, dies fällt mir zu schwer."

Sie schmunzelt ihn an, als sie sich entkleid't:
„So denk nicht an morgen - wir machen es heut."
Bald streichelte er ihre liebliche Brust,
bald war'n sie vereinet in Wonne und Lust.
In lauter lauter Lust - 's ganze Haus hat's gewußt.

Bald ruhten sie umschlungen - bald schliefen sie ein
und aßen am Morgen ihr Frühstück zu zwei'n,
bald strebten sie hurtig zur Arbeit wohl hin,
Till ging die Gespielin nicht mehr aus dem Sinn.
Ihm schwoll das Verlangen, die Sehnsucht so groß,
ihre Stimme, ihr Schmunzeln, ihr wonniger Schoß,
ihr Licht, das vom Schoße her ganz ihn umhüllt,
und in welchem er sich wie im Himmel gefühlt.
Wie im Himmel gefühlt - in Licht eingehüllt.

Er rief an, ob sie bald wieder in seiner Näh' is'.
„Ich flieg", sprach sie, „drei Wochen in die Ägäis.
Danach komm'n meine Freundinnen aus Köln und Berlin,
Stadt anschau'n, plaudern, durch die Wirtshäuser ziehn.
Wir könn'n ja mal sehn - danach irgendwann.
Du, ich muß jetzt gleich los - ich ruf dich dann an."

Ein Vierteljahr später sehn sie sich erneut.
Sie sitzen bei ihm und erzählen voll Freud,
sie lachen und herzen und küssen sich wild,
und reiten im Bette, bis die Lust ist gestillt.
Sie liegen umschlungen noch gut eine Stund,
dann küsset sie ihn wohl sanft auf den Mund,
Sagt: „Ich muß jetzt nach Hause - ich meld mich bei dir,"
steht auf, zieht sich an und ist fort durch die Tür.
Fort durch die Tür - und er wär gern mit ihr.

Till rufet sie an: „Warum gingst du des Weg's?"
Sie spricht: „Diese Enge geht mir auf den Keks.
Wollt'st dich doch nicht binden - hast du selber gemeint.

Ich tu g'rad wie du mich geheißen, mein Freund."
Till brennet das Herz und ihm brennet das Ohr.
„Ei, sage mir einer - was gehet hier vor? ... ! ... ?"

Zwischen den Gesängen sei gesaget:
So waren nun Dinge geschehen, die sich Eulenspiegels Planen entzogen hatten. Betrübt und ohne Ziel schlich er durch Hamburgs Straßen. Wie konnte er nur die Gespielin aus seinem Sinn bekommen?

Er verließ Hamburg und zog in den Südweschten,
dort isch von ganz Deutschland das Wetter am Beschten.
Es wachset alldorten ein mundender Wein,
auch speiset man fein.
Doch fraget ihr euch: Ist Till dort richtig?
Denn im Ländle isch des Schaffe wichtig!
Nun höret, wie Till im Autohaus schafft,
zu Lörrach - als allseitig dienschtbare Kraft.

Bock zum Schaffe

Text und Musik:
Klaus Irmscher 2014

H-Dur (Capo 4. Bund - G-Dur) ♩ 180

In Lörrach auf dr Wiesn, do hat a Geißbock grast,
dem Chef vom Autohaus danebe hat des gar ned paßt.
„Hier isch koi Platz fr'n Bock, der wo blede um sich gafft!
I kauf die Wiesn fr's Geschäft - vrstehscht, hier wird jetz g'schafft!"

Wo d' Wiesn war, sinn jetz die neue Autos ausgestellt.
Des isch a schenes Blechle, und des koscht a schenes Geld.
Do stellt dr Chef än Fischkopp als Mann fr alles ei.
„Ordnung halte muscht und dort, wo's brennt, zur Stelle sei!"

Dr Fischkopp hat bei dem Mann g'wohnt, dem wo der Geißbock g'hert.
„Ja, hascht kein Bock zum Schaffe?!" Hat der Chef sich bei ihm b'schwert.
„Bloß schwätze und spazieregeh'!" Da redt't ihm der Fischkopp drein:
„Ich soll dort sein wo's brennt, jedoch ich seh kein' Feuerschein!"

„Du Schereschleifer!" schimpft dr Chef, „Mei letstes Wort, verstehscht!
Wennscht morge wiedr ohne Bock zum Schaffe kommscht, dann gehscht!"
Dr Fischkopp sagt: „Herr Meister, ich kann Sie wohl verstehn, das morgen mit dem Bock, nun ja - ich denk, das wird schon gehn."

Am nägschte Morge nimmt er ihn zum Schaffe mit, den Bock, auf einem Fleckle Gras bind't er ihn fescht an einem Pflock.
Des Gras, des isch bald g'fresse, und dr Fruscht wird riesegroß.
Dr Geißbock reißt und reißt am Pflock und reißt und reißt sich los.

Jetz haut er seine Hörner in die neue Autos nei,
koi Spiegl isch mähr sichr, zig Fenschtr schlägt er ei,
verbeult manch heilig's Blechle, springt auf die Autos nauf,
zigtausnd Euro sind perdü, und keinr hält ihn auf.

„Du Schereschleifer!" brüllt dr Chef zum Fischkopp,
„Und jetz fliegscht!
Und dass du mir den Schade ganz schnell begliche kriegscht!"
Dr Fischkopp sagt: „Herr Meister, ich tat wie Ihr's gewollt,
ich bracht' den Bock zur Arbeit mit - wie kommt es, dass Ihr grollt?!"

Dr Fischkopp isch glei fortg'rennt, und dr Bock isch mit,
ganz schnell,
dr Fischkopp denkt: „Der Bock ist doch ein lustiger Gesell!
Das Autohaus ist nichts für mich, dort gibt es nur Geschrei,
ich such mir Arbeit mit dem Bock in einer Gärtnerei."

So ähnlich isch' im Blättle gschtande, doch des Blatt vrschweigt:
Till Eulespiegl hat sich im Ländle jüngscht gezeigt!

Zwischen den Gesängen sei gesaget:

Eine kurze Weile zog Eulenspiegel von Ort zu Ort und lauschte, was die Menschen umtrieb. So kam ihm bald ein neues Tun in den Sinn. Und Eulenspiegel schritt auch rasch zur Tat:

Er lehrte nun jene, die es wissen wollten: „Wie werde ich Millionär?" Im Saale einer Herberge an der Autobahn sprach er vor hundert Andächtigen davon, wie man ein jedes Ding verkaufet, wenn man es nur wirklich wolle. Am Schlusse der Sitzung verkaufte Till einem jeden Erfolgsanbeter für hundert europäische Taler eine tönende Silberscheibe, von welcher sein Erfolgskonzept erschallen sollte. Drauf hob sich Eulenspiegel flugs von dannen. Und von der Silberscheibe ertönte es in gar mannigfacher Wiederholung:

„Üb immer Treu und Redlichkeit bis an dein kühles Grab,
tu schaffe, spare, Häusle baue wie ein jeder guter Schwab'.
Und freutet euch, ihr Leut - ihr habet nun zu guterletzt
nur hundert und nicht zehntausend Euro in den Sand gesetzt!"

Die solcherart Geäfften huben gar schröcklich zu zetern an, doch Eulenspiegel war längst über alle Berge. Am nächsten Tage ging er daran, sein derart erworbenes Geld gewinnbringend anzulegen.

So höret nun, was er dabei erlebte.

Zehntausend Euro hatte Till mit Lug und Trug errungen.
Die bracht' er hin zum Bankhaus Prell - dort riet man
mit goldenen Zungen:
„So werd' er ohne Arbeit reich! Dies Wertpapier macht's möglich!
So kauf er schnell - so kauf er gleich! Der Kurs, er steiget täglich!"
Dies Wertpapier war ein Wettpapier, und nach ein'm halben Jahre,
da war es einen Dreck nur noch wert - dass alle Welt es erfahre.
Da wollte Eulenspiegel sich beschweren ob des Dramas
beim Geldverleiher Prell daselbst, doch der war auf den Bahamas

Till sann auf Rache, doch kannte er sich noch nicht
mit einer Bank aus,
verdingte sich hierzu als Praktikant in Prellens Bankhaus,
und nach ein'm Vierteljahre ward ein Plan in ihm gereifet,
dass er sich über's Internet zehn Spießgesellen greifet.
Erfinder und Geldberater warn's, Computerspezialisten,
die ob der Arbeitslosigkeit kein' rechten Weg mehr wüßten.
Ein jeder gründete zehn Firmen, winkte mit Rendite,
für jede Firma eine Million nahm man bei Prell Kredite

Ei, dies Geschäft, das würden Prell die Aktionäre danken.
Um's Till zu leihen, lieh sich Prell viel Geld von andern Banken.
Till kauft' nun Derivate, als zur Börse er wohl rennet,
gar windig Wettpapiere, die man „Wertpapiere" nennet.
„So wett' ich drauf, dass, wenn das Monatsend' wird eingekehrt sein,
die Aktie des Bankhaus' Prell ein'n Bullendreck wird wert sein.
So will ich darauf eine Million wohl in die Wagschal' legen!"
Man sprach: „Das Bankhaus Prell, das boomt!
Da halten wir dagegen!"

Verkleidet trieben Till und die Gesellen ihre Spiele.
Sie rüsteten zur Flucht in ihre Bahama-Domizile.
Verkündeten den Zeitungen: „Schaut, wie wir prosperieren!
Ihr Wirtschaftsjournalisten, kommt zum Tag der offenen Türen!"
Es standen am Tag der offenen Tür Tills Firmentüren offen,
die Schreiber traten ein - doch Till und Co war'n fortgeloffen,
und auf die Wände stand gesprüht: „ 's war alles Trug und Seife!
Das Geld, das uns Herr Prell geliehn, rauch er sich in der Pfeife!"

Die andern Banken liehen Prell nicht mehr ein'n roten Heller,
sie forderten ihr Geld zurück - Prells Aktie fiel in'n Keller.
So ging nun Tillens Wette auf aus seinen Derivaten,
Till schnappte zehn Millionen, und Prell schloß
sein'n Geldhausladen.
Prell raffte sein Privatvermögen, floh auf die Bahamas,
tröstete sich in der Nobelbar mit Hummer ob des Dramas,
wobei er sich beim Wirt empörte über elf Genossen,
die grölend an dem Nebentische ihren Sieg begossen.

Zwischen den Gesängen sei gesaget:

Eulenspiegel und seine Spießgesellen ließen es sich auf den Bahamas wohlergehen. Die Sonne schien, das Meer leuchtete blau, und der Trunk in der Taverne war wohl gekühlet. Doch obschon sie Geld genug hatten für ein behaglich Leben, wurd es Eulenspiegel fad. Es dürstete ihn nach neuen Taten und solches in heimatlichen Landen, dorten, wo er Sitten und Gesetze kannte - und wo er wußte, diese zu umgehen. Unter falschem Namen schlich er sich in den Süden der deutschen Lande ein, dorten, wo der Himmel sich blau mit weißen Wolken zeiget, und wo man sein Bier aus großen Humpen trinket.

Alldorten rüstete Till zu neuem Tun.

Tiefbau Baazhofer

Schluß: Die letzten beiden Zeilen der letzten Strophe a capella wiederholen.
Schlußakkord: G 5 - nach dem letzten gesungenen Ton.

Bei Tiefbau Baazhofer, München-Daglfing
wollt' Eulenspiegel sich im Büro verding'n.
„Geh Till, du red'st", sprach Baazhofeer
„mir viel zu siebeng'scheit daher,
aber i woaß was Guad's für di:
Du gehst in d' Politik für mi!

Versprichst die Leit - des werd eahna g'foin,
dass s' nimmer so viel Steier zoin.
I zoi dir 'n Wahlkampf, gar koa Frag',
na' wähln 's di glei in' Bundestag!"
Und Till versprach vom Bruttogeld
mehr Netto - und ward gleich gewählt

Und Till hielt Wort - die Steuer fiel,
Tiefbau-Baazhofer dankte Till,
doch aus den Rathäusern schreit der Schreck:
„Uns brechen Steuergelder weg!
Ihr Leut, tut vorsichtig kutschier'n,
wir könn'n kein Schlagloch mehr reparier'n!"

Straßenbauaufträge gab's nicht mehr,
Tiefbau-Baazhofer zürnet sehr:
„Geh Till, für wos tua i di zoin?!
Di sollt doch glei da Deifi hoin!!"
„Ei Herr, was ist's, das Euch verdrießt?
Ich tat doch nur, wie Ihr mich hießt!"

„Du Depp, die Arbeitsplätz', die zähln!
Die Leit solln di doch wiederwähln!
Schaugt's zua, dass ihr mir hier recht boid
Umstrukturierungshilfe zoit!
Bevor ma bled aus da Wäsche schau'n,
tu ma Tempo-Dreißig-Schilder baun!

Was sagst? Des geht ned, weil auf Pump?!
Geh, i verkauf mei ganzes Glump
und investier, wo der Rubel rennt,
da krieg i fimfazwanzg Prozent
Gebt's mir a Steierbefreierung!
Na' bring' ma d' Wirtschaft
glei in Schwung!"

„Ein Herr, der nach dem
Abgrund schreit,
der zahlet nicht mehr lange Zeit!"
Sprach Till und floh im Dauerlauf,
und sein Mandat, das gab er auf.
„Was soll ich Baazhofer und viel'n
wie ihm für einen Streich noch spiel'n?!"

Zwischen den Gesängen sei gesaget:

Wohl ihr Leut', die nächste Historie spielet in meiner Stadt - in Mölln. Eulenspiegel diente sich dem Möllner Rate als Straßenplaner an. Merket wohl, ihr Leut': Was hülfet eine Straße, wenn sie das Ziel der Fahrt zerstöret?! Man führe noch längere Wege, um neue, noch unzerstörte Ziele zu erreichen.

Die Möllner Verbindungsstraße

Refrain - nach den letzten beiden Strophen:

Es soll der Möll-ner Rat sich hin-ter die Oh-ren
schrei-ben: Mölln ist so schön, und was schön ist, das soll blei-ben!

Der Möllner Rat sprach hell und laut:
„Wir wolln ne Verbindungsstraße
durch Wohngebiet und Wald gebaut,
dass sie viel' Autos fasse!"
Es meldete sich das Planungsbüro
Owlmirror City Distruct -
Till Eulenspiegel incognito - der sprach also:
„Der Plan wird angepackt!"

„So bring er den Verkehr in Fluß,
schließ an das Gewerbegebiet,
auf dass es zu den Billigmärkten
Noch mehr Kunden zieht!"
Und Eulenspiegel, er begann,
dass er die Trasse begeh'
auf waldig Wanderwegen sodann - bald kam er an
im Krug am Drüsensee.

Im Wirtshausgarten mit Blick zum See
erfreuten sich aufs Beste
Möllner und Kurspitalspatienten
und fremde Feriengäste,
und Till genoß Gebratenes
zu einem Humpen Bieres
und dacht: „Welch ein mißratenes - Hirn will, dass
die neue Straße hier is'?!"

Till fuhr heim und plante seinen Plan.
Zurück in Mölln - vor dem Rate hub er an:

„Man such' 'ne Schlosserei, die 'ne
Zehn-Meilen-Kette schmiede,
die schließ die Bundesstraße an
am Gewerbegebiete,
man bau eine Straße, die den Verkehr
in Fluß bringt - aber total!
Sie führet ohne Brücke daher - ei bittesehr
direkt in den Kanal - den Elbe-Lübeck-Kanal"

Da hub der Rat zu zetern an,
wollt Till in der Luft zerreißen.
Der sprach: „Ich hab auf's Wort getan,
wie Ihr mich geheißen!
Doch hätt ich Eurem Sinn gefrönt,
den Wald zersäget gleich,
dass Autolärm zwei Seen bedröhnt - der Gast nur stöhnt,
zu arg wär mir der Streich.

Man schlösse die Kur-Spitäler zu,
manch Herberge, manche Schänke,
man stockte die Armenfürsorge auf,
verkaufte die Kurparkbänke.
Hätt' ich die Straße so geführt,
dass sie Euch tät gefallen,
dass Ihr Euren größten Reichtum zerstört - den Leerstand mehrt,
wie wollt Ihr mich dann bezahlen?!

Es soll der Möllner Rat sich hinter die Ohren schreiben:
Mölln ist so schön - und was schön ist, das soll bleiben!

Ihr Stadtvertreter, Ihr Obernarr'n,
saget, wo soll das enden?!
Mein Standbild auf dem Möllner Markte,
wollet Ihr es verpfänden?!
Ihr Herrn, ist Euer Sinn so grob?!
Gehabt Euch wohl, ich geh!"
Per Fahrrad Till zum Ziele stob - den Humpen hob
im Krug am Drüsensee

Es soll der Möllner Rat sich hinter die Ohren schreiben:
Mölln ist so schön - und was schön ist, das wird bleiben!

Zwischen den Gesängen sei gesaget:

Im Jahre 2010 stimmten die Möllner darüber ab, ob man jene Verbindungsstraße weiterplanen solle. Fünfundsiebzig von Hundert stimmten dagegen. Mich deucht, ich habe mit meinem Liede ein paar dieser Prozente mit ersungen.

Eulenspiegel weilte noch ein wenig in Mölln - dem Orte, an dem er sein früheres Dasein beendet hatte. Es gelüstete ihn, in der Hauptstraße zu lustwandeln. Wohl ihr Leut, so leset nun die Historie, die erzählet, wie Till dem Bäcker Meerkatz großen Zulauf bescherte - oder verpaßte er ihm einen Einlauf ... ?

Parken vorm Geschäft

Zwischenspiel - nicht nach letzter Strophe:

Letzte Strophe: Letzte Zeile zweimal wiederholen - Schlußakkord D-Dur

Eulenspiegel lustwandelte in der Hauptstraße zu Mölln,
im Bäcker-Café Meerkatz einen Tee sich zu bestell'n.
Er saß am Tisch am Bürgersteig mit südländischem Flair
und stöhnte, als da dröhnte der Durchgangs-Stadtverkehr.
Till geht zu Bäcker Meerkatz und klagt ihm sein'n Verdruß:
„Die Autos lasset draußen, dass man hier sitze mit Genuß!"
Der Bäcker bellt: „So schleich dich mit dei'm
Straßensperr-Komplott!
Der Kunde muß vor'n Laden fahr'n, sonst geh ich hier bankrott!
Und dem, der kauft bei mir,
zahl ich die Parkgebühr!"

„Dem Manne kann geholfen werd'n", so dachte Till bei sich,
als er sich ob des Bäckers Zetern schnell von dannen schlich.
Er griff sich flugs ein Werbeblatt derselben Bäckerei,
auf dass er für ein Fälscherwerk wohl ausgestattet sei.
Till warb nun über's Internet auf trendig-blendig Art:
„So eilt herbei nach Mölln zu meiner Kaffeekorso-Fahrt!
Dass Eulenspiegel selbst euch zu 'nem Einkaufsbummel führ',
per Auto kommt, denn Bäcker Meerkatz zahlt die Parkgebühr.
Des Bäckers Preislist' schaut:
Noch bill'ger als geklaut!"

Am Parkplatz vor der Stadt, da trafen zwanzig Autos ein,
und Eulenspiegel führt in Möllns Altstadt sie hinein.
Dort wies er einen Platz an jedem Corso-Fahrgefährt,
direkt vor dem Geschäft, wie Bäcker Meerkatz es begehrt.

Doch Parkraum gab es keinen, man parkt die Fahrbahn zu,
ging Einkaufen, Kaffeetrinken voller Seelenruh,
drauf hub ein garstig Hupen an, ein Zetern und ein Schrei'n,
's kam keiner aus der Stadt heraus und keiner mehr hinein,
und bei des Bäckers Tür,
da brüllt es für und für:

„Mit dieser Billigpreislist' locktet Ihr uns all' herbei,
verlanget nun den dreifach' Preis - pfui, welch Betrügerei!"
„Dies ist nicht meine Preislist'! Die Betrüger, die seid Ihr!
Und bis die Polizei herbeikommt, bleibt Ihr alle hier!"
Sie riefen: „Bäcker Meerkatz, so haltet Euren Mund!
Till Eulenspiegel lockte uns - Ihr steht mit ihm im Bund!"
Man suchte Till und fand ihn nicht und lag sich in den Haar'n,
und dabei waren alle nur bis vor's Geschäft gefahr'n.
Derweil der Abschleppkran
hub flugs zu schleppen an.

Sie lösten ihre Autos aus und taten Zeter schrei'n,
drei Wochen später trafen auch die Bußgeldbriefe ein.
Sie schickten sie an Meerkatz - der Preisliste gezollt,
drin stand, dass Meerkatz Parkgebühren voll erstatten wollt.
Sechs Wochen später fraget Till bei Meerkatz höflich nach:
„Am Tag als alle parkten hier, wie war da der Ertrag?
Ei, wollt Ihr nicht Belohnung zahl'n, dem der es angestift't?"
Sagt's und flieht mit Eil', denn Meerkatz speiet Schaum und Gift.
„Ei Herr, was Ihr nur kläfft,
sie fuhr'n bis vor's Geschäft!"

Till eilet durch die Hauptstraß', Meerkatz schreit ihm hinterher,
Till denkt: „Wie schön die Hauptstraß' zum Lustwandeln einmal wär
mit Straßencafés, wo ungestört man sitzt und schwatzt und lacht,
und Meerkatz könnt' viel mehr verdienen als er je gedacht.
Es kommet noch der Tag,
wo dies geschehen mag."

Zwischen den Gesängen sei gesaget:

Alsbald diente sich Eulenspiegel zu Berlin unserer Landesherrin an. Frau Angela mit dem säuerlichen Munde sorgte sich, da das Volk murrte. Also erbot sich Till, dass er ihr als Sachverständiger für neue Treibstoffe hülfe. Der Wunderstoff „E-Zehnium" sollte das Ansehen der Landesherrin im Volke wieder heben. So höret nun, was daraus ward ...

Der starke Stoff

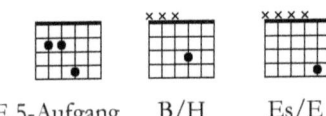

Aufgang vor dem Refrain: E5-Figur jeweils um einen Bund nach oben verschieben - E-F-Fis-G. Die E-Saiten und die H-Saite können dabei mitklingen.

"Sirene" am Schluss: B/H (G-Saite/H-Saite gleichzeitig) - Es/E (H-Saite/E-Saite gleichzeitig) im Wechsel spielen.

Die Landesherrin schwitzet,
das Klima sich erhitzet,
der Meeresspiegel ritzet
ins Land und will nicht ruhn.
Es murrt das Volk und klaget,
sieht grün, wenn man's befraget,
die Landesherrin saget:
„Wir müssen jetzt was tun!

Wir wolln mit niemand raufen,
det Spritjeschäft muß laufen,
det Volk soll Autos kaufen
so stark und schwer, wie's jeht!"
Till E-Punkt, flink und wendig
bewarb sich flott und blendig,
sprach: „Ich bin sachverständig!"
und hub an mit seiner Red':

„Aus Weizen, Zuckerrüb' und Raps,
da brenn ich Euch wohl einen Schnaps,
den mischen wir ins Fahrbenzin,
der wachset nach - da schauet hin.
Und blaset, wenn er ausgepufft,
weniger Treibgas in die Luft!
Ihr werdet's sehn, man lobt Euch dann:
Ihr habt was für die Luft getan!

Ei, dieser Stoff, der wirket noch stärker als Ihr glaubet, **Refrain**
dieser Stoff ist schärfer als die Polizei erlaubet!"

Und also brennet man die Brüh',
verheizet endlos Energie,
auf dass im Bioschnaps-Mobil
man sich gar umweltschonend fühl'.

Doch dieser Schnaps, so höret man,
der greifet manchen Motor an,
man banget, da der Stoff so scharf,
welch Wagen ihn wohl fahren darf???!

Und wer den starken Stoff schon tankt,
der hat sich alsogleich bedankt,
der Motor mag den Stoff so sehr,
da schluckt er gleich paar Schlucke mehr.
Dieweil die Landesherrin ruft:
„Wir machen was - hier - für die Luft!"
Dieweil - im Volke hub sodann
noch lauter gar das Murren an.

Den neuen Stoff, man kauft ihn nicht.
„Wir ziehn et durch!" die Herrin spricht,
„Laßt werben uns mit lautem Mund!"
Schon kommet nun aus Kiel die Kund:
„Hier spricht die Landespolizei,
wir tanken nicht die Panscherei!
Hat einer wohl den Wunsch gehegt,
dass unser Fuhrpark lahmgelegt?!"

Im ganzen Land tönt Spott und Hohn,
der Sachverständ'ge war geflohn,
die Herrin liest sein'n Zettel bleich:
„Till Eulenspiegel diente Euch"
Die Herrin hart um Fassung ringt:
„Det mir keen Wort nach draußen dringt!"
Sie ratlos zum Gefolge ruft:
„Wir ham's jemacht - ja
- für die Luft!"

Zwischen den Gesängen sei gesaget:

Eulenspiegel hatte sich wieder in der Hansestadt Hamburg eingenistet. Bisweilen unternahm er von dorten Fahrten mit der Deutschen Bahn. Wohl ihr Leut - in der nächsten Historie, da spielet ab der zweiten Strophe der Zug von Hamburg nach Budapest eine Rolle; ebenso eine Umsteigestation östlich Hamburgs, nämlich: Büchen. Sehenswert war alldorten die Bahnhofsruine, nebst den Bürgersteigen, welche schon bei Tage hochgeklappt erscheinen.

Als nun Eulenspiegel eines Tages mit der Deutschen Bahn unterwegs war, da wurde diese von einer völlig unerwarteten Unbill des Wetters heimgesuchet: Dem Winter.

Schluß: Die letzten 2 Zeilen des letzten Refrains wiederholen. Nachspiel = Zwischenspiel 3 - am Ende langsam werden - wie ein ankommender Zug.

Eulenspiegel fuhr von Lübeck mit der Bahn zur Winterszeit
heimwärts wohl nach Hamburg, als ein Schneegestöber runterschneit.
Den Zug zog ein Nahverkehrstriebwagen, leicht gebaut und innovativ,
wo, was man nur immer wünschte, auf elektrisch' Knopfdruck lief.
Da blitzt es aus der Oberleitung, 's hält der Zug auf freier Streck',
dunkel wird's, die Heizung, sie erkaltet, Fahrgäst' schreien Ach und Schreck.
Stund' um Stunde - keine Kunde; ei wann kommet Hilfe nur?!
So laufet man auf eig'ne Faust zum nächsten Dorf durch Wald und Flur.
Bei fünf Grad Frost,
Wind aus Nordost.
beim Feuerwehrhause
Kaffee und Pause,
so - mit Geschüttel
stand man in Tremsbüttel.

Stunden später war nun Till in Hamburgs Hauptbahnhof am Ziel,
wo sein Blick auf einen blauen Wagen in ein'm Fernzug fiel.
Étkezőkocsi - ja so las er, stand an jenem Wagen dran:
Ungarischer Speisewagen - Eulenspiegel faßt ein'n Plan,
dingte einen Hacker zu besorgen, was er brauchte zum Betrug.
Eine Woche später, da bestieg er mit sein'm Laptop einen Zug.
Stieg zum Umstieg aus in Büchen, doch der Anschlußzug war fort,
und der nächste sollte fahren in zwei Stund' von diesem Ort.
Bei fünf Grad Frost, Wind aus Nordost,
an Bahnsteig und Schiene
Bahnhofsruine,
so - unter Flüchen
stand man in Büchen.

Nach zwei Stunden, da ertönet's: „Dieser Zug fällt leider aus,
Triebwag'n in der Werkstatt weilet; Lokführer liegt krank zu Haus."
Wieder hub man an zu zürnen - Eulenspiegel abseits stand.
Da hielt der Zug nach Budapest - Till lief herbei und hob die Hand:

„Leute, laszt daz Schimpfen sein, steigt in diesen Zug hier ein!
Ich bin Problem-Manage-Mann von Ungarische Eisenbahn.
Deutsche Bahn hat mich geleast, weil in Ungarn billig iszt.
Steiget ein im Dauerlauf - szetzt euch, stärkt euch, wärmt euch auf!"

Refrain: „Az étkezőkocsiben,
im Ungarischen Speisewagen.
Étkezőkocsiben
Freszt, szoviel ihr könnt vertragen!
Étkezőkocsiben,
Bazd meg, bazd meg szívesen!"

Sie saßen, aßen Gulasch, also hub nun Till zu reden an:
„Laszen Szie szich vormerken für Aktien von der Deutschen Bahn!
Vorstand hat sein' Hausaufgaben g'macht, was ihm die Börse dankt,
Personal und Mat'rial szind börsentauglich abgeschlankt,
und mit Wartung von die Technik szind szie besztensz aufgestellt,
Vorstand wartet, bisz der Zug beim Fahren auseinanderfällt."
Till zahlt' für alle online mit der Banking-PIN der Deutschen Bahn,
die er von dem Hacker hatte - alles lief nach Plan

Refrain: Az étkezőkocsiben ...

Till gab den Gruppenfahrschein, welcher war des Hackers Fälscherwerk,
dem lautesten der Gäste und verzog sich darauf unbemerkt.
Ein Fahrgast rief: „Wir komm'n ja nach Berlin, ich werd verrückt!
Bloß schnell raus! Zurück nach Haus! Wo hat uns der bloß hingeschickt?!"
Till mit falschem Fahrschein heiter fuhr noch bis nach Dresden weiter,
ging spazier'n ein kleines Stück - Gegenzug fuhr bald zurück,
wo er im Étkezőkocsi saß, Gebratnes und Gesottnes fraß.
Bahnstress macht' er sich zum Fest im Speisewag'n aus Budapest

Refrain:
    Az étkezőkocsiben,
    im Ungarischen Speisewagen.
    Étkezőkocsiben
    Frasz, szoviel er konnt vertragen!
    Étkezőkocsiben,
    Bazd meg, bazd meg szívesen!

Die, die Till wohl sollten loben,
huben nun zu zürnen an:
„Ein Mann der Bahn hat uns entführet!"
Schrieb wohl einer an die Bahn.
„Zahl'n Sie uns den Schaden! Und zum Zeugnis unsrer Pein
schick ich Ihnen unsern Gruppenfahrschein ein!"
Die Bahn schrieb nun: „Hah! Das war'n Sie! Mit der Online-Zech' im Zug!
Ihr Fahrschein ist ne falsch' Kopie! Büßen wer'n Sie den Betrug!"
Der Beschwerdeschreiber schrieb: „Ich war gar nicht selbst dabei,
machte guten Glaubens für die anderen die Schreiberei!"

Aus Mangel an Beweisen stellte man die Sache ein.
Eulenspiegel fuhr derweile mit gefälschtem Rückfahrschein.

Refrain: Az étkezőkocsiben ...

Zwischen den Gesängen sei gesaget:

Solches trieb Eulenspiegel eines Winters; und als das Frühjahr gekommen war, da lustwandelte er im Herzogtume Lauenburg, dorten im Südosten Schleswig-Holsteins, wo auch die Eulenspiegel-Hauptstadt Mölln lieget.

Als Till nun im Wirtshause in die Zeitung schaute, da las er, dass unter selbigem Herzogtume Erdgas lagert - störrisches Erdgas, welches man nur mit einem Gebräu aus giftigen Tinkturen aus der Erde herausbekommet. Im fernen Amerika treibet man solches, und dorten heißet man es „Fracking". Die Bürger im Herzogtume Lauenburg aber verstehen immer nur „Verrecking" und sind - gleich dem Gase - störrisch. Die Herren der Klexon Oil Compagnie trachten nun danach, den Bürgern eine völlig neue Sicht auf das Fracking zu zeigen.

Wohl ihr Leut, so leset nun die Historie, die erzählet, wie Eulenspiegel sich mit selbigem Auftrage bei der Klexon Oil als PR-Manager verdingte.

Im Maien tät Eul'nspiegel lustwandeln gehn
im Herzogtum Lau'nburg - blau blitzen die See'n,
die Waldblumen weiß, blau, gelb, violett,
das Grün der Wiese so satt und so fett.
Beim Wirte am Wegesrand kehret er ein,
am Tisch liegt die Zeitung, Till schauet hinein.

Till liest von ein'm gasigen Schatz in der Erd',
der weg'n tumber Bürger nicht rausgeholt werd.
Die Klexon-Oil sucht ein'n PR-Mann sogleich,
der selbstsicher auftretend schnell überzeug'.
Till speiset, und drauf tät es heimwärts ihn ziehn,
bewirbt sich bei Klexon - kriegt gleich ein' Termin.

So sprach nun zu Till ein Mister Mc Drill:

„Wir knacken das Gas aus dem Schiefergestein,
wir pressen mit Hochdruck Chemie-Cocktails rein.
Um's Trinkwasserschutzgebiet bohr'n wir drumrum,
we bring them Jobs - we bring niemand um!
Bekehre die Leut, die dies nicht verstehn!
Zeig ihnen die Sicht, die noch nie sie gesehn!"

Man schult Till in Texas am Gasförder-Claim,
in Texas, where "Fracking" 's the name of the game.
Und wieder zurück im Lau'nburgschen Land,
vom Dorfkrug zum Nachbarn ein Seil ward gespannt.
Die Klexon-Oil lädt zum Infotag heut
am Probebohr-Claim - Mc Drill grüßt die Leut:

"Hey, we have good news! Stop singing the Blues!
Now Windkraft und Sonne, das kost' zuviel Geld,
there's Gas in the Erde bis Ende von Welt!
So it's "Drill, Baby, drill!" And now: Spotlight on Till!"

Till steigt auf das Seil und wandelt darauf,
ruft: „Diese texanische Flasch' mach ich auf
mit Leitungswasser von dort, wo man frackt.
Klexon-Oil händelt die Technik perfekt!"
Er nimmt einen Schluck und bläst mit dem Mund,
am Streichholz ein'n Feuerball hell er entzund.

„Ihr wolltet doch immer schonmal Feuerspei'n,
Feuerspei'n leichtgemacht - schlaget nun ein!
Und wenn euch vom Tümpel das Froschquaken fuchst,
dann freut euch, wie bald nur Methan leise gluckst,
ihr wolltet zum Wüstentrecking gern fahrn,
dies geht dank Ver-racking gleich hier in paar Jahr'n!"

Das Publikum staunt - es räuspert und raunt,
Mc Drill, der erbleicht - zischt: „Stop it! Es reicht!

Ich zeige dich an! For sure, this is klar!
Fur Public Security du bist Gefahr!
Mit brennbare Wasser - that's Terror and Mord!
Und uberhaupt bist du gefeuert - sofort!"
„Wer hier wohl feuert?!" spricht Till, und er sprüht
die Flamme, die Mc Drillen's iPhone verglüht.

„Ich tat nur, wie Ihr mich geheißen", Till spricht:
„Ich zeigte den Leuten die ganz neue Sicht!"
Mc Drill kocht vor Zorn, Till verläßt das Lokal
und speit auf sein'm Weg noch manch feu'rigen Ball.
Des Abends tät Eul'nspiegel lustwandeln gehn
im Herzogtum Lau'nburg - blau blitzen die Seen.

Zwischen den Gesängen sei gesaget:

Eulenspiegel hörte des öfteren, wie das Volk über die Regierenden murrte: „Die reden bloß - die tun nichts!" so ertönte es gar oft, besonders dorten, wo die Straßen einer Kraterlandschaft glichen. Da er sich schon ein wenig im Herzogtume Lauenburg auskannte - mit ersten Erfahrungen in der Öffentlichkeitsarbeit - verdingte sich Till bei der Verwaltung selbigen Herzogtumes als Kommunikations-Koordinator.

Die nun folgende Historie ist in niederdeutscher Sprache verfasset. Für die unter euch, die diese nicht ganz beherrschen - ein paar Vokabeln zum besseren Verständnisse:

Ist ein Ding „in Dutt" oder „putt", so ist es schadhaft. „Gau" bedeutet nicht „der größte anzunehmende Unfall" sondern „schnell". „Sparren" meinet „sperren" oder „Sperrung"; „nümms" heißet „niemand"; „klei mi an' Mors" - so sprach der Ritter Götz von Berlichingen, und „wiß" bedeutet „gewiß, sicher".

So, mien leeve Lüüd, nu west wiß prepareert för dat Vertellen vun dat, wat Ulenspegel mit dat Dörpen Langenliekers anstellt hett.

Bi't Dörpen Langenliekers

Bi't Dörpen Langenliekers, dor is de Straat in Dutt,
un wenn du dor to gau führen deist, denn föhrst dien Auto putt.
De Lüüd schimpt op de Politikers un eer vigelinsch'n Tricks:
„De hohen Herrn, de sabbelt blots, un moken doon se nix!"

Nu gifft' so'n nieen Kerl bi'n Kreis, de meent:
„De Lüüd hebbt recht!"
De Kommunikatschons-Koordinator, un de seggt:
"Wi krempelt unse Ärmels op, fix as een Special Force!
Wi sabbelt nich, wi mokt wat! Dat is uns niee Kurs!"

Un nu ward ook de Straat bi Langenliekers repareert,
een Morgen sünd se wacker mit ehrn Bagger anmarscheert.
Twee Straten weern full sparrt - dat all'ns gau geiht, weer de Sinn.
Nu kümmt keen Minsch ut Langenliekers rut, un nümms kümmt rin.

De Lüüd ut Langenliekers, de gnaddert nu erst recht:
„Worüm hett uns keen Minsch vörher wat vun dat Sparren seggt?!
Un wo is unse Utweichstreck?! Wann holt ji unsen Müll?!"
Dat Telefon vun'n Kommunikatschons-Mann steiht nich still.

Op'n Kommunikatschons-Koordinator ward nu rümhackt.
De seggt: „Ji hebbt een Feldweg! Hett sik dat noch nich rümsnackt?
Un denn, mien leeve Lüüd - ji wüllt doch sülb'm uns nieen Kurs:
Wi sabbelt nich - wi mokt wat! Und tschüß - klei mi an' Mors!"

Een Pressekonferenz ward ansett - bannig schnell,
de Kommunikatschons-Mann is noch jümmer nich to Stell.
De Naricht kümmt: De Kommunikator, de is meist
siet veeruntwintig Stünn „mit unbekanntem Ziel verreist."

Un as ik dat vertellen do - dor kümmt mi dat so vör,
as wenn de Komunkatschons-KO-Mann Ulenspegel weer.
Un as ik dat vertellen do - dor weet ik dat all wiß:
Dat de Kommunikatschons-KO-Mann Ulenspegel is.

Zwischen den Gesängen sei gesaget:

Als nun Eulenspiegel mit unbekanntem Ziele von Ort zu Ort reiste, da hörte er von manch einem Landesfürsten, der danach trachtete, sich ein Denkmal zu setzen - ein Denkmal in Gestalt eines Großbauwerkes. Da wußte Eulenspiegel: Hier wartet seiner eine neue Aufgabe. Er eröffnete ein Architekturbüro und harrte der Anfragen, die da kommen sollten.

Der Schau-Bau

D dorisch   ♩140   Text und Musik:
Klaus Irmscher 2012

Vorspiel und Zwischenspiel nach Strophen 1, 3 und 5:

1. Der Lan-des-herr sprach laut und fest: "So bau-et mir ein Kon groß, wie sich's nur bau- en läßt!" Doch sah der Weg ver- zert-haus, so sperrt aus. Der Rat des Lan-des mur- te laut: "Dies kost' zu vie-le Gul-den! Schon oh-ne daß dies Werk ge-baut, steck-en wir tief in Schul-den!" Da kam ein Ar-chi- tekt zum Herrn, sprach: "Ist der Rat nicht wil-lig, so plan' den Bau ich ex- tra gern, plan ich ihn ex- tra bil- lig!"

Refrain mit Vor- und Nachspiel:

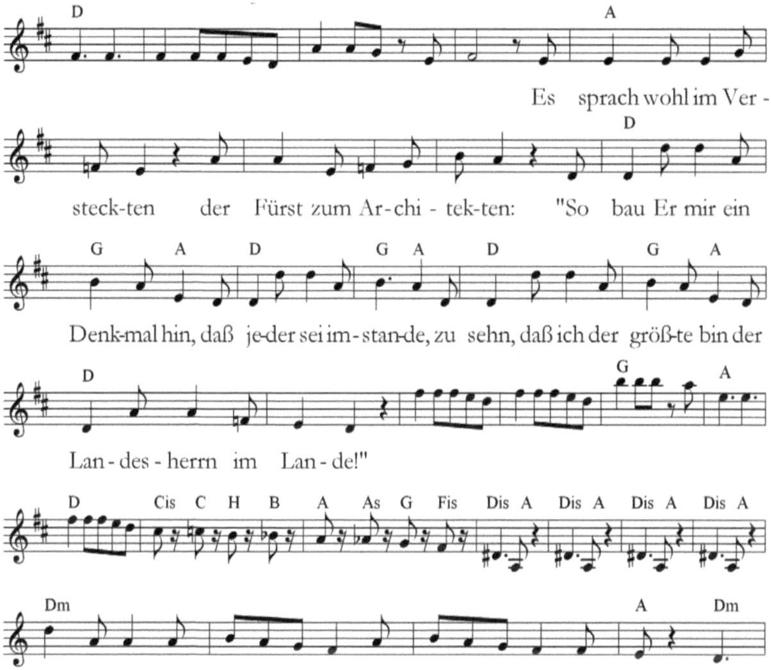
D A
Es sprach wohl im Ver -
D
steck-ten der Fürst zum Ar-chi - tek-ten: "So bau Er mir ein
G A D G A D G A
Denk-mal hin, daß je-der sei im-stan-de, zu sehn, daß ich der größ-te bin der
D G A
Lan - des - herrn im Lan - de!"
D Cis C H B A As G Fis Dis A Dis A Dis A Dis A
Dm A Dm

Letzter Refrain und Schluß:

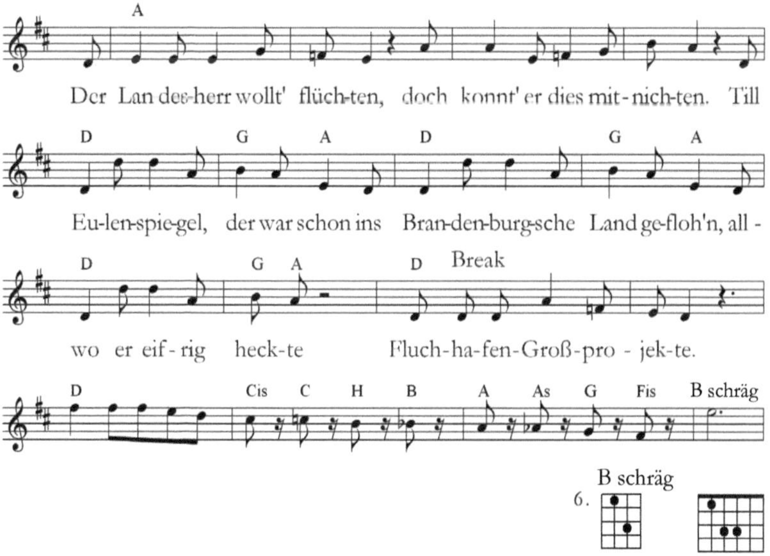
A
Der Lan des-herr wollt' flüch-ten, doch konnt' er dies mit - nich-ten. Till
D G A D G A
Eu-len-spie-gel, der war schon ins Bran-den-burg-sche Land ge-floh'n, all -
D G A D Break
wo er eif - rig heck-te Fluch-ha-fen-Groß-pro - jek-te.
D Cis C H B A As G Fis B schräg
B schräg
6.

Der Landesherr sprach laut und fest:
„So bauet mir ein Konzerthaus,
so groß, wie sich's nur bauen läßt!"
Doch sah der Weg versperrt aus.
Der Rat des Landes murrte laut:
„Dies kost' zu viele Gulden!
Schon ohne dass dies Werk gebaut,
stecken wir tief in Schulden!"
Da kam ein Architekt zum Herrn,
sprach: „Ist der Rat nicht willig,
so plan den Bau ich extra gern,
plan ich ihn extra billig!"

Till Eulenspiegel war der Architekt,
was keiner ahnte,
der mit spitzem Stifte gar
das groß' Konzerthaus plante.
„Kein Übermeister braucht das Werk
der and'ren Meister lenken.
Elektriker's Besprechungen mit den
Klempnern könn'n wir uns schenken.
Es frißt nur Meister's teuren Lohn,
wenn der zum Rate weilet.
Zwei Jahre Bauzeit - siebzig Million'n!"
Der Auftrag ward erteilet.

Es sprach wohl im Versteckten
der Fürst zum Architekten:
„So bau Er mir ein Denkmal hin,
dass jeder sei imstande,
zu sehn, dass ich der Größte bin
der Landesherrn im Lande!"

So huben sie zu bauen an,
elf Stockwerk' zog man schnell rauf.
Da trat der Fürst wohl auf den Plan:

„Bau Er noch ein Hotel drauf!"
So zog man neue Mauern nach,
die Statik zu verstärken.
Zwei Jahr' nach dem versprochenen Öffnungstage
stockt das Werken.
Am Platz der Stromesleitung
schon des Abtritts Abfluß rinnet.
Es hatte sich kein Meister
mit dem ander'n abgestimmet.

Es ruht der Bau, an Kosten man
ne halbe Milliarde zählet.
Der Landesherr, der's einst ersann,
ist schmachvoll abgewählet.
„Nun schauet euch die Pleite an!"
So murrt manch finst're Miene:
„Der abgebroch'ne Schneidezahn,
welch häßlich Bauruine!"
Worauf zum neuen Fürst alsdann
die Architekten kamen.
Eulenspiegel diente sich ihm an
mit neuem Namen.

Es sprach wohl im Versteckten ...

„Den kantig Schandfleck bau Er um
zum rundlichen Kultur-Ei,
Und dass Er mir des Publikumes
Andrang auf der Spur sei!
So bau Er einen Durchfahrbahnhof
drunten unter'm Hause,
der ICE der halt' dort an,
der Gästestrom, er brause!
Und komm' Er mit den Kosten hin,
dies duldet keinen Zweifel!
Und halt' Er pünktlich den Termin,
sonst holet uns der Teufel!"

Wohl am Eröffnungstage dann,
entkernt ist das Gebäude,
fährt eine Riesen-Geisterbahn
elf Stockwerk' hoch die Leute,
und drunt' im Keller tät man schnell
den werten Gästen weisen
der Schwäb'schen Eisenbahn Modell
mit einundzwanzig Gleisen.
Im Hofe - dreizehn Meter hoch -
des Landesherren Standbild,
man starrt, ob der dem Zetern noch
der Presseschreiber standhält.

Der Landesherr wollt' flüchten,
Doch konnt' er dies mitnichten.
Till Eulenspiegel, der war schon
ins Brandenburg'sche Land gefloh'n,
Allwo er eifrig heckte
Fluch-hafen-Großprojekte.

Zwischen den Gesängen sei gesaget:

In einem mächtigen fernen Lande, da tuet man so, als habe man die Freiheit erfunden. So machet sich nun manch einer auf den Weg, „die Freiheit an der Quelle zu kosten". Doch nicht jeder darf ins Land hinein. Fraget man nach den Gründen, so kann's geschehen, dass man mit vorgehaltener Waffe angeschwiegen wird. Und man rätselt weiter: „Wie haben die Späher des großen freien Landes was von mir erfahren?!" Wohl ihr Leut - so seid getrost - Eulenspiegel ist euch zu Diensten.

Till sah, wie ein Herr Gläserich im Fernseh'n für sich stritt:
„Bin schuldenfrei - in festem Lohn und kriege kein'n Kredit!
Auch gibt man mir kein Ticket für den Flieger nach Hawaii!
Was hab ich nur gemacht?!
Wie kam's zu dem Verdacht?!
Ich tue nichts und steh in 'ner gefährlichen Datei!"

Drauf zündete bei Eulenspiegel <u>die</u> Geschäftsidee:
Er dingte einen Hacker, dass der bei ein'm Spähdienst späh.
Till hub zu programmieren an, und bald erschien's im Web:
„Ihr Smartphone warnt Sie sacht
bei Taten, die Verdacht
erregen könnten - hol'n Sie sich die Eulenaugen-App!"

Herr Gläs'rich läd sie runter - pro Meldung fünfzig Cent.
Nun schauet, wie Herr Gläserich zum Gartenmarkte rennt.
Er simst an sein'n Freund Ali, der richtig „Alfred" hieß:
„Guano-Dung gibt's günstig im Gartenparadies!"
Ein Stoff, der sprengen kann,
die App, sie springet an
und krähet grell und laut,
als hätt er was geklaut:

„Was machen Sie da?!   **Refrain**
Dürfen Sie das überhaupt?!
Erklär'n Sie sich mal!
Sie brauchen sich gar nicht zu wundern,
wenn man von Ihn'n nur das Schlechteste glaubt!
!Huahh!"

Zu Hause knipst er an sein Kombi-Web-TV-Gerät.
Die Kamera muß laufen, die zu Microsoft hingeht.
Er stellt einen US-Film an und zieht die Stirne kraus:
„Kennst du einen, kennst du alle" - sagt's und schaltet wieder aus.
Da röhrt - nicht ohne Pep
die Eulenaugen-App:

Herr Gläserich, der joggt nun dorten, wo er immer rennt.
Was er nicht weiß: Dort wohnt wer, der ein'n kennt, der einen kennt,
der Übeles im Schilde führt - man hat ihn im Visier.
Die App springt an, genau vor des Bekanntenkenners Tür.
Er kommt sich vor wie'n Depp,
schon wieder diese App:

Eulenspiegels App-Geschäft, es blüht und es brummt,
als schußbereit die Drohne vor seinem Fenster summt.
Die Drohne dröhnt: „Die Software her! Du Staatsfeind!
Oder's kracht!"
Sagt Till: „Ich überspiel sie Euch - sie sei Euch zugedacht."
Drauf führ'n die Steuerchips
die Drohne wie im Schwips
und schalten's ihr sodann als Störungsprüfung an:

Die Drohne ganz verwirrt zurück zur Späh-Zentrale schwirrt,
wo sie durch das Fenster ihrer Leitungsstelle klirrt,
zerschreddert noch ein Frühstücksbrot - reißt von der Wand die Uhr,
haut ein'n Becher Kaffee in die Computertastatur.
Die Drohnenlenker hör'n,
dies tät sie wohl verstör'n,
wie es aus der zerlegten
Drohne leise quäkt:

Refrain:
„Was machen Sie da?! ..."

Zwischen den Gesängen sei gesaget:

Nach solch erschreckender Begegnung mit der schußbereiten Drohne war es Eulenspiegel daran getan, seine Nerven zu schonen. Er begab sich in die ländlich-fränkische Idylle des Städtchens Schimmelfurt. Ihr werdet diesen Ort auf keiner Karte finden - so ihr noch fähig seid, eine solche zu lesen ... aber seid gewiß: Diesen Ort gibt es! Till verdingte sich als Sachbearbeiter beim Lebensmittelüberwachungs-Amt. Wie überall tat er wie ihm geheißen, und wie überall verursachte er damit großen Schaden. Doch als er darauf das Zetern seines Dienstherrn erwartete, da erlebte er eine Überraschung ...

Brot von gestern

E-Dur (Capo 2. Bund - D-Dur) ♩170

Text und Musik:
Klaus Irmscher 2014

Vor- und Zwischenspiel - nicht nach 3. und 7. Strophe:

1. Eu-len-spie-gel hat-te sich die Ner-ven an-ge-schrammt. Ver-ding-te sich zwecks ruhi-gem Tun beim Le-bens-mit-tel - amt zu Schim-mel-furt im Frän-ki-schen, fern - ab von al-lem Zän-ki-schen Sein Dienst-herr sprach: "Vä - schlaft's ma bllloß kaan Lebms-mid-dl-skan - dalll! Sonst steh' ma in da Zei-dung, da san's dann bru - dalll!"

4. Vä - pack-tes Brot zur Sellllbst - be - die - nung gibt a an - dres Billld, weilll dann des Brot allls alll - ge-mei - nes Le - bms - mi - dlll gilllt. In-hallltts-stof-fe mis-sns all-le aan-zllln de-gla - riern, Ge-wichts-ver-lust durch Trock - nung aufs Gramm do-gu-men-diern. 's

Eulenspiegel hatte sich die Nerven angeschrammt,
verdingte sich zwecks ruhigem Tun beim Lebensmittelamt
zu Schimmelfurt im Fränkischen,
fernab von allem Zänkischen.
Sein Dienstherr sprach: „Verschlaft's ma blloß kaan
Lebmsmiddlllskandalll!
Sonst steh ma in der Zeidung, da san s' dann brudalll!"

Der Bäcker Mehlig sprach: „Auf dieser Welllt gibt's so vielll Not,
do kann i 's ned mit anschaun, wie ma's aan Taach alllte Brot
als Abfalll in die Donne haut,
obwohl ma's noch mit Wonne kaut,
drum hab i a Fillialln aufg'macht, und jedä' Kunde weiß:
Hier gibt's as Brot von gestä'n zur Hälllfte vom Preis!"

Till kaufte in der Mittagspaus' ein günstig gestrig Brot.
Sein Dienstherr sah es, schaute die Verpackung und sah rot:
„Väpacktes Brot zum Selllbstbedien'n,
Tilll, schick sofo'tt a Briefla hin:
Inhallltsstoffe, Hallltba'keit, 's Gewicht - genaue Zahlll'n,
des missn's haa'klein draufschreib'm, sonst schließ ma d' Filllialll'n!

Vä'packtes Brot zur Selllbstbedienung gibt a andres Billld,
weilll dann des Brot allls alllgemeines Lebmsmidlll gilllt,
d' Inhallltsstoffe missn s' alle aanzlll'n deglariern,
Gewichtsvä'lust du'ch Trocknung auf's Gramm dogumendiern,
's Hallltba'keitsdatum muß mit drauf
- des schreibst dei'm Bäggä' gschwind,
und dass ma hier in Schimmllfu'tt im Amt recht wachsam sind!
Hätt ä' 's Brot unvä'packt am Dresn bräsendiert,
dann wär des Brot hallt Brot, und dann hätt's mi ned indressiert,
jetzt muß er d' Auflag'n volll ä'fülln, vorher geb'm mir kaa Ruh!
Dem Bäggä schickst des Standa'dbriefla Nummä Elll-Drei-U!
An Lebmsmiddlllskandalll laß ma in Schimmllfu'tt ned zu!
Sonst steh ma in da Zeidung - dann rufm d' Leut „Buuuh!""

Till tat wie ihm geheißen - schickt' ein'n Standardbrief hinaus:
„Ei Bäcker, meß und deklarier - wir komm' zu dir ins Haus!"
Der Bäcker rief: „Ja sapperlot!
I hab kaan G'winn am allltn Brot!
Jed's Brot aanzlll'n wiechn?! Bei dem Aufwand zahlll i drauf!
I spä' den Ladn zu - den Brot-von-gestä'n-Vä'kauf!"

Die Zeitung zürnte: „Seht dies Amt - aus gutem Brot macht's Müll!"
„Wir stehen in der Zeitung - das gibt Ärger!" dachte Till.
„Tilll, des hast vorschriftsmäßich g'macht!"
So sprach der Chef - doch Till, der dacht:
„Ich tat wie mir geheißen - und wo sonst der Meister tobt,
erleb ich's, wie trotz Schadens mein Dienstherr mich lobt ...?...!"

Till drückte seine Stempelkarte - 's Tagwerk war vollbracht
und fragte sich ganz stille: „Hab ich da was falschgemacht?"
Er kaufte seine Speise ein,
schob sich's zu Hause leise rein,
und als er nachdacht, welch Ruhe sein Posten ihm wohl bot,
da drückte ihn der Magen vom backfrischen Brot ...

Zwischen den Gesängen sei gesaget:

So leset nun, welch wunderliche Dinge sich bei der Staatsanwaltschaft zu Kiel ereigneten, nachdem - so munkelt man - Eulenspiegel sich alldorten als Spar-Kommissar verdingt hatte.

Flohmarkt in der Staatsanwaltschaft

E-Moll/E-Dur (Capo 2. Bund - D-Moll/D-Dur)

Zum Waffenbauer Sauermann - alldort zu Eckernförde
kam Polizei und Staatsanwalt, dieweil man munkeln hörte,
Pistol'n verkauf' er an Despoten!
In diesem Falle war's verboten.
Der Staatsanwalt beschlagnahmt einen Laptop nun behende,
dass er Beweise fände.

In sein'm Büro filzt er den Laptop bis in die Abendstunden,
wollt's weiter tun am Morgen, doch der Laptop war verschwunden.
Man sprach: „Eh uns die Presse schmähe,
kein Wort davon nach draußen gehe!"
Und doch kamen die Zeitungsschreiber nach zweihundert Tagen
und huben an zu fragen:

„Ist's wahr, dass bei der Staatsanwaltschaft Laptops verschwinden?!
Und keine Überwachungskamera ist im Haus zu finden!
Kein Pförtner täte sich notieren,
welch Gäste in das Haus spazieren!"
Der Chef sprach: „Knappe Kasse - doch uns rettet ein Kollege,
der gehet neue Wege!"

Der sprach: „Ich bin der Sparkommissar - und uns zum Wohle
spar ich die Lagerkosten für die Asservaten - das bringt Kohle!
Per Räumungs-Flohmarkt soll der Schrott weg.
Die Laptops gehen schon ganz flott weg.
Nur - Selbstbedien-Bezahlen, das hat keiner recht kapiert, doch
das mit dem Zahl'n, das wird noch!
Dass der Verkauf nun richtig losgeht,
hab ich auf Facebook gepostet:

's ist Flohmarkt in der Staatsanwaltschaft, lauft, ihr Leute, laufet,
so lauft herbei und kaufet!

Der Eckernförder Waffenschmied - kauft der beim Laptop-Käufer?
Mit Schlüssel und bei Nacht kam der - welch
Schnäppchen-Shopping-Eifer!
War's einer von uns, dem man's nicht ansieht?
Den Kriminellektronik anzieht?!
Herr Oberstaatsanwalt, so zürnet nicht, ich hab, wie Ihr's gesaget
ein'n neuen Weg gewaget!
Und darauf fröhlich nun geprostet,
abermals hab ich's gepostet:

's ist Flohmarkt in der Staatsanwaltschaft, lauft, ihr Leute, laufet,
so lauft herbei und kaufet!"

Der Sparkommissar floh - die Wächter hatt' er weggesparet.
Ein Laptopdieb im Haus! Ein jeder auf den andern starret.
Der Chef sprach: „Sparlatan, gemeiner!
's war Eulenspiegel und sonst keiner!
Gar trefflich war die Staatsanwaltschaft stets organisieret,
doch - Till hat uns angeschmieret!"
Und draußen vor'm Gebäude
drängten tausend laute Leute,
die nölten, und die grölten, wann der Flohmarkt endlich losgeht;
Till hatte still gepostet:

's ist Flohmarkt in der Staatsanwaltschaft, lauft, ihr Leute, laufet,
so lauft herbei und kaufet!

Zwischen den Gesängen sei gesaget:

Wohl, ihr Leut - so leset nun die letzten Zeilen meines Berichtes. Verdrossen rief Eulenspiegel seinen Coachingengel an: „So rat Er mir - was soll ich tun? Jene, denen ich Streiche spiele, sie übertreffen mich gar!"

Ihr Leut, mir fehlet die Kunde, was der Coachingengel Eulenspiegel riet. Riet er ihm, sich im Seiltanze zu üben und die Menschen damit zu erfreuen? Riet er ihm, ein Kreditkartenunternehmen zu eröffnen und so auf seine Weise die Wirtschaft in Schwung zu bringen? Oder hieß er Till, sich wieder zu ihm, dem Engel hinaufzuschwingen?

Ihr Leut - es fehlet mir die Kunde - jedoch:

owl-mirror-web.com

Nun, da er's hat so eifrig getrieben,
fragt man: Wo ist Eulenspiegels Geist
in Raum und Zeit wohl abgeblieben?
Flugs - diese Frage eingespeist
in das welt.weit.wissend Netz,
dass es hebe uns die Schätz'.
Da erscheinet fix und firm
auf dem blanken Zauberschirm:

„Wohlan, Gevatter, setz dich vor den Kasten,
klick auf dem Mäusegriff mit den drei Tasten.
Nun brauchst du nicht mehr hinauszulaufen,
dir dein Zeug zusammenzukaufen,
und der Laufbursch bringt dir für wenig Knete
herbeigeklickt deine römische Pastete,
du mußt niemandes Mundgeruch riechen beim Plaudern,
schwatz mit dem Zauberschirm - tu nur nicht zaudern

owl-mirror-web.com - solches ist cool! **Refrain**
owl-mirror-web.com - ist es nicht geil?!
owl-mirror-web.com - 's reißt dich vom Stuhl!
Lad es dir munter
schleunigst herunter,
denn du bist mega-out ohne dies Teil!

Auf, Gevatter, so klick dich ein,
fühlst du dich auch klein - laß das Grämen sein
Hier kannst du dich mit allem speisen,
zu den Sternen reisen,
starke Feinde fechten,
Quälgeister knechten,
Gevatter! Hier bist *du* im Netz die Spinne,
und die schärfsten Frauen sind dir willig zur Minne!

Ich, Gevatter, bin ein stummer
Gesell, mit mir hast du kein' Kummer,
ich hab keine Adresse, keine Fernsprechnummer,
bin immer zur Stell' - wie das Licht so schnell,
bin, wie's dir gefällt - rein virtuell,
und so kost' ich kein Geld.
Du bist frei wie der Vogel am Himmelszelt,
von Zeit zu Zeit nur der Laufbursche schellt.

Alles liefer' ich dir - ei, warum zürnest du mir,
dass du schwermütig bist, weil kein Mund dich mehr küßt,
dass der Sonne Lauf deinen Tag nicht mehr führt,
keines ander'n Menschen Hand dich mehr berührt,
keines ander'n Menschen Stimme an dein Ohr mehr dringt,
nur die des Laufburschen, der die Pastete dir bringt.
Du erstarrest, du knarrest, du willst mich zerreißen,
so zürne nicht mir - ich tat, wie du mich geheißen!

Auf dass nun dein weiteres Leben soll glücken
So tu auf dieses Zeichen hier klicken
Schwarz wird der Schirm - du hast es geklickt!
Höä-höä-höä-höä-höäääääää
Ich hab den Hexenwurm dir geschickt!
Nun kommst du raus aus dein'm Turm
in des Lebens belebenden Sturm,
ei, so zürne mir nicht - ich schickte dir schlicht
und gerade aus Gnade den Wurm.
Ei Gevatter, ist dies Ding nich heiß?!
Oh wie gut, dass keiner weiß,
dass ich Till Eulenspiegel heiß!"

Musikalische Anmerkungen - Grifftabelle

Zu den Noten:
Ich habe die Melodien jeweils in der Tonart notiert, in der ich sie auf der Gitarre oder der Mandola greife. D. h.: Setze ich den Capotaster z. B. in den 2. Bund und spiele D-Dur, dann notiere ich die Melodie in D-Dur, auch wenn ich das Lied eigentlich in E-Dur singe. Ich mach's also den Gitarren- und Mandolinenspielern leicht. Die Klavier-, Akkordeon- und Geigenspieler haben's dafür etwas schwerer; die müßten sich die Melodien transponieren. Mit einem Notenprogramm auf dem PC geht das ja in Nullkommanix.

Zu den besonderen Griffen:
Hier findest du, lieber Leser, alle Gitarren- und Mandola-Griffe, die von den gängigen Dur- und Moll-Akkorden abweichen. Griffe, die nur bei einem einzigen Lied vorkommen, sind am Ende der jeweiligen Noten abgebildet.

Ein dicker Balken am Anfang des Griffbrettes bedeutet:
Hier ist der 1. Bund.
Eine Zahl - z.B. 5 - neben dem ersten dargestellten Bund:
Hier ist - z.B. - der 5. Bund.
Ein x neben einer Saite: Diese Saite nicht mit anschlagen.

Wird der Capotaster benutzt, gelten Bundangaben ab dem Capo.

6-saitiges Griffschema: Gitarrengriff
4-saitiges Griffschema: Mandolagriff
Meine Mandola ist G-D-A-E gestimmt.

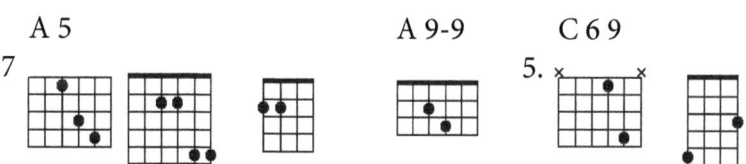

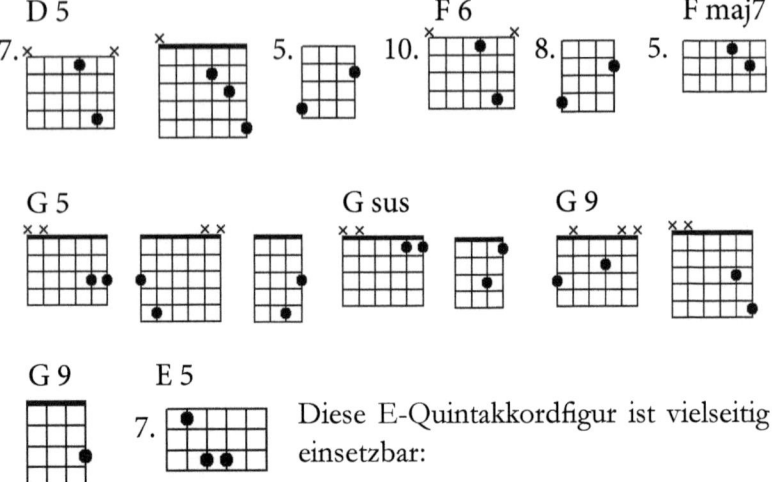

Diese E-Quintakkordfigur ist vielseitig einsetzbar:

Zum Beispiel bei „Mc Owlmirror Fishburger": E 5 wie oben gezeigt, spiele ich statt E-moll. Beim D-Akkord verschiebe ich die Griff-Figur um zwei Bünde nach unten und schlage dabei nur die A-, D- und G-Saite an. Für den H-Akkord verschiebe ich die Figur in den zweiten Bund und lasse hier noch die leere H-Saite mitklingen.

Besondere Effekte: Am Schluß der ersten, dritten und vierten Strophe verschiebe ich diese Figur um einen Bund nach oben, schlage alle Saiten an und bekomme so einen sehr schrägen F-Akkord („F maj 7 5-"). Für den Schlußakkord verschiebe ich die Figur in den ersten Bund, lasse alle Saiten klingen und heraus kommt ein äußerst schräger B-Akkord - passend zur Textstelle.

Auch bei „Die Gespielin" verwende ich die genannte E 5-Figur für den Abgang von E nach C am Schluß. Hier lasse ich die H-Saite bei jedem Schritt mitklingen; beim Schlußakkord auch die hohe E-Saite.

Noch ein Wort zu den Quintakkorden - den 5ern: Dur- und Moll-Akkorde gehen zur Not auch, aber für meinen Geschmack klingen die Quintakkorde hier schöner - und sie passen besser zu dieser im alten Stil komponierten Musik.

ÜBER DEN MUSIKER

Als gelernter Maschinenschlosser und studierter Wirtschaftsingenieur, sammelte Klaus Irmscher unter anderem Erfahrungen als Arbeitsvermittler, Außendienstler, Erfinder und Kammerjäger.

Bereits in seiner Jugend in Mölln stand er auf der Bühne - als Rockgitarrist. Er ist seit 1971 Ledermacher und hat bei der Münchener Kleinkunstbühne KEKK mitgearbeitet. Von 1989-92 machte er eine Schauspielausbildung und wurde für den Sommer 1990 in Japan engagiert.

Seit 1994 tritt er mit seinen Liedern regelmäßig in ganz Deutschland auf und begeistert sein Publikum. Von 2005 bis 2009 war er auch Mitglied der Gruppe Liederjan.

Von Klaus Irmscher erschienenen bisher folgende CD's:
"Mittendazwischen"
"Der mit dem Koi schwimmt"
"Das Kurschattenkabinett"
"Genarrt, geäfft, geEulenspiegelt".

Weitere Informationen gibt es auf seiner Homepage:
http://www.Klaus-Irmscher.de